この1冊ですべてわかる

新版

金融の基本

The Basics of Finance

田渕直也

Tabuchi Naoya

日本実業出版社

●はじめに

　金融とは、「お金（マネー）が流れていく」というような意味合いの言葉です。何らかの経済活動が行なわれるときには必ずお金の流れが伴います。そして、そのお金の流れが金融にほかなりませんから、何らかの経済活動にはすべからく金融が絡んでいることになります。

　英語では finance（ファイナンス）と呼びます。もともとの意味は、支払って終わりにするとか、借金を清算するということですが、この言葉は日本語の"金融"以上にさまざまな場面で用いられます。たとえば日本語では政府のお金の管理を指して財政といいますが、英語では金融と同じファイナンスといいます。また、何かをするためにお金を工面すること（資金調達）もファイナンスです。

　いずれにしても金融とは、一言でいうとお金、マネーの話なのです。お金の話は、ややもすると卑近なイメージを抱かれがちかもしれません。しかし、現代社会では何をするにもお金が絡みます。何か事業を行なうにもお金は必要ですし、一般の家計にとっても住宅や自動車の購入、病気やケガへの備えなどお金の計画的な管理は不可欠です。誰にとってもお金はとても身近で、決して避けて通ることができないものです。

　2019 年 6 月、金融庁のワーキンググループが高齢社会における資産形成についての報告書をまとめました。それが「年金だけでは老後資金が 2000 万円不足する」ことを示しているとして政治的に大きな問題になりましたが、人生 100 年時代の老後資金をどうやって確保するのか、これも家計の資産形成という金融に関する問題の一つです。結局この報告書はなかったものとされましたが、報告書の記述の是非はともかく、家計の資産形成の重要性についてはもっと議論を深める必要があったのではないかと思います。

　このように人々の仕事や生活、さらに人生設計などにとってとても重要なインパクトを持つ金融に対する基本的な理解力のことを**金融リテラシー**と呼んでいます。たんなる知識のことではありません。

金融というものに向き合って、お金の話をきちんと考えていくことこそが金融リテラシーの本質です。その対極に位置するのが、「金融のことはむずかしくてわからない」というあきらめです。

　ではなぜ金融はむずかしいものとして敬遠されがちなのでしょうか。一つには、金融が絡む分野があまりにも広くて多岐にわたるという点があります。それこそが金融の重要性を示しているわけですが、多くの人にとってはとらえどころがないと感じる大きな要因になっていると思われます。

　また、カタカナ語やアルファベット略字をはじめとする専門用語が頻出するという点も大きな障害になっているのでしょう。残念ながら現代の金融の仕組みは基本的に欧米中心に形成されてきたので、どうしても金融用語は欧米由来のものが多いのです。そうした言葉には日本語訳が当てられることもあるのですが、実務家にとってピンとこないものも多く、結果として外来語がかなり幅を利かせることになっています。また、一部の専門的な分野で小むずかしい数学が使われることもネックの一つかもしれません。

　ですが、そうした技術的な側面は決して金融リテラシーの本質ではありません。もちろん、ビジネスとして金融にかかわるならば、そうした専門知識のいくつかは必須のものになります。知識が身につけばつくほど、金融というものが理解しやすくなるのも確かなことでしょう。でもいちばん大切なのは、先ほども書きましたが、お金についてきちんと考えるということです。そして、それはそんなにむずかしい話ではないはずです。

　仕事の面でも生活の面でも、現代の社会を生き抜くためにはどうしても"金融リテラシー"が不可欠です。さらにいえば、たんに必要だからというだけでなく、お金の流れがわかるようになることで色々とみえてくるものもあると思います。「金融がわかれば世界がわかる！」というのは少し大げさかもしれませんが、世界で起きていることを理解するうえで、お金の流れが新たな視点を提供してくれることは間違いないと思います。

　近年、金融市場はとても巨大になり、世界経済や時に政治をも大きく左右する存在になってきました。同時に、現代の金融に起きて

いる変化は急速なものであり、かつて常識とされたことが通用しなくなっている部分も多くあります。古いテキストブックをなぞるだけでは、大きく変わりつつあるパワフルな金融と、その金融に支えられた世界を十分に理解することはむずかしいでしょう。

　本書ではそうした問題意識から、新しい潮流も踏まえた金融の基本について、知識詰込みというよりも考え方を身に着けていただくという点に眼目を置いて解説をしていきます。とはいえ、最低限の知識も一通りは押さえられるように留意しています。

　全体の構成を述べると、まず第1章では、金融がなぜ重要なのかということを、有名な歴史上の出来事や著名投資家のエピソードなどを通じて説明します。ちょっとした教養的エピソードとして読み進めていただければと思いますが、金融の重要性を実感することも金融リテラシーの大切な側面です。

　第2章では、資金を調達する企業の側からみた金融について解説します。資本と負債の違い、その最適な組み合わせ、キャッシュフローの重要性などを通じて、企業の財務戦略とはどのようなものかを掴んでいただければと思います。企業金融（コーポレート・ファイナンス）にかかわる方はもちろん、一般投資家にとっても押さえておくべき内容といえます。

　第3章から第6章までは、金融取引が行なわれる“市場”について、株式市場、債券市場もしくは金利市場、為替市場の順でみていきます。このうち、債券市場などで取引される“金利”は、株式や為替に比べるとどこか地味で、ややこしい印象があると思います。ですが、金利こそは金融を理解するうえで最も重要なファクターだといえます。株式相場でも為替相場でも、金利は最も重要な相場変動要因の一つです。そんな地味だけどとても重要な金利については、とくに第5章で取り上げて少し詳しくみていきます。最近ではマイナス金利なども話題になりますが、こうした金利環境の変化は金融の歴史のなかでもとりわけインパクトの大きい出来事の一つです。

　第7章では、今度は資金の出し手としての投資家の側からみた金融を考えます。投資といえば、どうすれば手っ取り早く儲かるかを気にしがちですが、その前に知っておくべきことがいくつもあり

ます。投資を理論的に考える投資理論にはさまざまなバリエーションがあるのですが、本章ではその基本となるものをみていきましょう。

　最後の第8章では、これからの金融を考えるうえで不可欠な金融の最新トピックについて概観します。

　デリバティブや証券化などの金融イノベーションは、もはや新技術とはいえないほどに普及しているものですが、いまでは金融市場、さらには世界経済を大きく変動させるほどの存在となっており、これらを理解せずに世界の金融市場を語ることはできません。また、仮想通貨やフィンテックは、既存の金融ビジネスを大きく変革する可能性を秘めているのみならず、伝統的な通貨や銀行などの存在基盤そのものを揺るがせかねない存在です。運用の世界においては、AI（人工知能）やボット（コンピュータ自動実行プログラム）がさまざまな分野で人にとって代わりつつあります。さらに、これらの新しい金融の潮流のなかで、金融政策の在り方や金融市場の性質そのものまでが時代とともに大きく変化しています。

　本書は、金融を考えるうえで必要な土台を身に着けていただけるように書かれていますが、あくまでも「基本」を解説する本という位置づけです。まずは本書で金融に興味を持っていただいて、その土台をもとに一人でも多くの方がさらにその先へ進んで行っていただくことを願ってやみません。

　2019年11月

田渕直也

はじめに

第 **1** 章
金融はなぜ大切なのか

1−1 オランダはなぜ覇権を握ったのか
無限責任だったイギリスの東インド会社 ── 012
画期的な制度を導入したオランダの東インド会社 ── 014

1−2 イギリスはなぜ大国フランスに勝てたのか
イギリスの財政革命はオランダから学んだものだった ── 017
信用力の差でフランスに勝ったイギリス ── 019

1−3 GAFAはなぜこれほど強大になったのか
新興企業が莫大な資金を調達できる仕組み ── 022
未知の企業を応援する投資家の存在 ── 024
「エコシステム」が成長企業を生む ── 027

1−4 "世界で最も成功した投資家"をめぐる数字のマジック
ウォーレン・バフェットはどうやって資産を増やしたのか ── 029
長期投資と複利が生み出す桁外れの効果 ── 031
わずかな差が積み重なると大きな差になる ── 032

1−5 金融市場のとんでもない大きさ
日本の株の時価総額はGDPの1.1倍 ── 034
債券の発行残高はGDPや株式時価総額よりもやや大きい ── 036
COLUMN 世界を変えた"リーマンショック" ── 038

第 **2** 章
コーポレート・ファイナンスの基本

2−1 基本となる財務会計の基礎
財務と金融は同義 ── 042

2−2 バランスシート(貸借対照表)
資産と負債・資本 ── 044
❶資産 ❷負債と資本
•負債 •資本
負債と資本の調達手段 ── 049

●銀行借入 ●社債発行 ●株式発行

2-3　PL（損益計算書）
資産負債の増減が利益になる —— 052
同じものを違う視点でみている —— 053

2-4　財務戦略の基本── 財務の健全性と資本に対する利益率
財務の健全性をみる指標 —— 055

●流動資産と流動負債 ●固定資産 ●財務の健全性

収益性を評価する指標 —— 056
負債と資本の調達コスト —— 059

2-5　キャッシュフローの重要性
「利益は意見であり、キャッシュは現実である」—— 062
キャッシュフロー経営の実例 ──アマゾンとキーエンス —— 064

2-6　プロジェクト・ファイナンスとアセット・ファイナンス
特定の事業を対象とした金融の形態 —— 066
特定の資産を対象とした金融の形態 —— 067

COLUMN　銀行とインベストメント・バンク —— 068

第 ❸ 章
株式市場

3-1　株式市場の概要
上場企業になれば多くの人に広く取引される —— 072
取引はコンピュータ・システムで処理される —— 073

3-2　発行市場と流通市場
IPOとは初回の公募増資・売出のこと —— 075
上場にはメリットとデメリットがある —— 076

3-3　株式の価値とは何か
株式の理論的な価値を考える —— 078
株価の決定要因として大切なリスク・プレミアム —— 080

3-4　株価はどう動く？
株価を変動させる要因は複合的 —— 084
割安なものを買うべきか、人気のあるものを買うべきか？ —— 085

●株価収益率（PER） ●株価純資産倍率（PBR）

3-5　株価と企業経営はどう関係しているか
直接的な影響はなくとも間接的な影響は非常に大きい —— 090
株価を押し上げる基本はROEを高めること —— 092

株主還元策 —— 配当と自社株買い —— 093

3-6 株価指数は経済動向を占ううえでなぜ重要なのか

株価指数は景気動向のバロメータ —— 096

株式市場が経済を振り回す —— 098

COLUMN　国際的な競争にさらされる取引所 —— 101

第 ❹ 章
債券市場

4-1 債券市場の特徴

残高が多いのは国債だが、企業にとっても重要 —— 104

債券の銘柄と種類は非常に多い —— 105

4-2 債券で知っておくべき基本事項

一般的なタイプは固定利付債 —— 107

債券取引の基本は相対取引 —— 108

4-3 債券と信用格付

社債では発行体の信用力が最も重要な価値判定基準 —— 111

格付会社は民間企業 —— 112

4-4 利回りと価格の関係

投資家が求める利回りによって価格が決まる —— 115

債券価格と利回りは逆の動きをする —— 116

4-5 格付別イールドカーブ

デフォルトリスクはどう債券価格に反映されるのか？ —— 119

社債のイールドカーブは格付ごとに複数ある —— 122

4-6 長期金利は経済の体温計

長期金利は将来の名目経済成長率に沿って決まる —— 124

名目経済成長率は最も中立的で安定した金利水準 —— 125

COLUMN　変わり種の債券たち —— 127

第 ❺ 章
金利を理解しよう

5-1 金利はマイナスにはならないはずだった？

金利がマイナスになることはあり得ないはずだった —— 130

現状は過去に例をみないまったく新しい金融環境 —— 131

5-2 短期金融市場と債券市場
銀行が資金繰りのために行なう銀行間資金取引 —— 133

債券を担保にお金を貸し借りする取引 —— 134

5-3 金利水準はどう決まるのか
景気動向、インフレ、金融政策の影響 —— 137

短期金利と長期金利の関係 —— 139

5-4 金融政策の手段とその変遷
金融政策の主要目的は物価安定 —— 141

伝統的金融政策 —— 142

非伝統的金融政策とは何か —— 143

非伝統的金融政策その1——量的金融緩和政策 —— 144

非伝統的金融政策その2——マイナス金利政策 —— 145

非伝統的金融政策その3——フォワード・ガイダンス —— 146

5-5 金利が蒸発する世界
金融の歴史上でも最大級の出来事 —— 148

マイナス金利が成り立つ理由 —— 151

超低金利の理由とその行き着く先 —— 152

COLUMN "LIBOR"が引き起こした大混乱 —— 155

第 6 章
外国為替市場

6-1 外国為替と為替レート
異なる通貨を交換すること —— 158

スポット取引のレート＝為替レート —— 159

6-2 為替取引はなぜ行なわれるのか
輸出や輸入に伴って必要になる —— 161

直接投資や証券投資に伴って発生するケース —— 163

6-3 為替レートはなぜ変動するのか——金利差と購買力平価
通常は高金利通貨が買われやすいが…… —— 166

通貨の本源的価値にもとづいた考え方 —— 168

6-4 為替レートと経済の関係
政治的には通貨安が好まれる —— 171

インフレリスク低下が引き起こす通貨安競争 —— 172

COLUMN プラザ合意とポンド危機 —— 173

第 **7** 章
投資の基本

7-1 投資における収益源は何か
投資と投機はどう違うのか —— 176
合理的な投資と非合理的な投資 —— 177

7-2 期待リターン——長期的に予想される投資収益
国債への投資で得られるリスクフリー金利 —— 179
社債と株式への投資で得られるリスク・プレミアム —— 180

7-3 ランダムな変動——はたして相場変動は予測できるのか
相場の動きはランダムなのか —— 183
偶然以外の要素も存在するはずだが…… —— 186

7-4 ポートフォリオ理論と分散効果
期待リターンを維持しながらリスクを減らす方法 —— 188
個別銘柄のリスクは分散投資で消すことができる —— 189

7-5 インデックス投資と銘柄選択
究極の分散投資はインデックス投資 —— 192
インデックス投資の隆盛とそれに対する反論 —— 193
COLUMN　投資の世界的潮流——ESG投資とは —— 195

第 **8** 章
新しい金融の流れ

8-1 デリバティブとは何か
デリバティブ —— 198
日経平均先物の仕組み —— 200
何でもできるOTCデリバティブの不思議な世界 —— 202

8-2 証券化とは何か
金融の一大イノベーション —— 205
証券化の仕組みとメリット —— 205
証券化商品のリスク —— 209

8-3 金融新技術が引き起こした金融危機
リーマンショックはなぜ起きたのか —— 211
複雑で巨大な金融市場は世界経済の最大のリスク要因 —— 212

8-4 仮想通貨

台頭してきた仮想通貨 —— 213

通貨とは何か —— 214

仮想通貨の価値とは？ —— 216

8-5 フィンテックとAI

テクノロジーを活用して金融ビジネスを再創造 —— 219

投資の主役はAIに？ —— 221

8-6 金融市場と政治の一体化

政治の最重要課題は株価？ —— 226

金融がかつてないほど大きな影響力をもつ時代 —— 227

索引 —— 229

装丁／志岐デザイン事務所　秋元真菜美

DTP ／村上顕一

イラストレーション／髙木一夫

第 **1** 章

金融はなぜ大切なのか

最初の章では、歴史上の有名な出来事や、
著名投資家などのエピソードをもとに、
金融が歴史や社会においていかに重要な役割を
果たしているかをみていきます。

SECTION 1-1

オランダはなぜ覇権を握ったのか

● 無限責任だったイギリスの東インド会社

最初のエピソードは、近代的な金融システムの誕生にまつわるものです。

1588年、「太陽の沈まない帝国」と謳われた強大なスペインが、無敵艦隊（アルマダ）をイギリスに向けて送り出しました。世にいうアルマダ戦争の勃発です。当時、スペイン領だったネーデルラントの一部（のちのオランダ）が独立戦争に立ち上がっていて、そのオランダをイギリスが支援したことが出兵の主な原因です。しかし、この無敵艦隊は大きな損害を受けてイギリス侵攻に失敗、この後スペインは急速に力を失っていきます。

スペインおよび、そのスペインと同君連合を組んでいたポルトガルにかわって、イギリスとオランダという新興国が飛躍する時代が訪れたのです。

1600年、イギリスで後に有名になる東インド会社が設立されました。東インド会社はインドのみならずアジア貿易全般を独占的に行なう会社です。負けじとオランダも1602年に同様の東インド会社を設立します。対スペインで同盟を組んでいた両勢力が、今度は海上覇権をめぐる熾烈なライバル関係になっていったのです。

この覇権争いの勝者となったのはオランダでした。アジア貿易や大西洋貿易で最初に支配的な地位を築いた前時代の海上覇権国ポルトガルを凌ぎ、ライバルとなったイギリスをも押しのけて、新たな海上覇権国へと成長したのです。では、なぜオランダが勝利を得たのか。ここでは、イギリスとの対比でみていきましょう。

オランダが新時代の海上覇権国となったことには、もちろんいくつも理由があります。北海のニシン漁とバルト海貿易で培った造船技術や航海技術もそうでしょう。また、商工業が盛んだったオラン

ダは、当時のヨーロッパでもトップクラスの裕福さを誇っていました。とはいえ、人口ではスペインはおろか、当時は必ずしも大国とはいえなかったイギリスと比べても半分以下です。1609年にスペインと暫定和平を結ぶまでは独立戦争の真っただ中で、正式に独立を認められるのが1648年、つまり当初は完全な独立国ですらなかったのです。そのオランダの大躍進を支えたのが、世界初めてとされる近代的な資本主義制度の確立でした。

　ライバルであるイギリスの東インド会社は、イギリス国王（エリザベス一世）から15年間のアジア貿易の独占権を取得していたのですが、当時の慣習に沿い、出資金は一回の航海ごとに募っていました。航海が終了すると、その利益を投資家に配分し、次の航海時にまた改めて出資金を募るのです。

　また、出資の形態はいまでいう**無限責任**と呼ばれるものでした。

　たとえば、ある会社に出資者が10億円を出資するとします。会社の経営者が、それに加えて貸金業者から10億円の融資＊を受けると、事業資金は合計で20億円になります。その後、事業が失敗し、会社の金庫には一銭も残らなかったとしましょう。出資者が自分の出した10億円をあきらめなければならないのは当然ですが、この場合、出資者だけでなく貸金業者も10億円がまるまる損失になってしまいます。ここで、貸金業者が「この会社は出資金を出している出資者のものであり、したがって会社が借り入れたお金を返せなくなった場合は、会社の持ち主である出資者が返さなければならない」と主張し、返済を求めることができるのが無限責任という考え方です。つまり出資者は、自分が出した出資金の範囲を超えて損失を負担しなければならないわけです。

　いまの世の中の感覚ではちょっと厳しすぎる感じもしますが、実はいまでもこうした無限責任の出資契約というものは部分的に存在しています。少なくとも、1600年の当時ではこれが普通の出資形

＊融資は資金を貸し出すことを意味します。金融の世界ではたんに貸出と表現する場合でも、それは資金の貸出を意味しますから、融資と貸出は同じ意味で用いられます。

態だったわけですね。

イギリス東インド会社は、こうして最初の航海時に約6万8000ポンドの出資金を集め、アジアに4隻からなる商船団を送ります。

●画期的な制度を導入したオランダの東インド会社

一方、2年遅れで東インド会社が設立されたオランダでは、画期的ともいえる新しいシステムが導入されます。出資金は一航海ごとに集めるのではなく、一定の期間内に行なわれる一連の航海事業に対する出資という形をとったのです。これで、一回の航海が終わるごとに利益を配分し、次の航海に向けて新たに出資金を集めなおす、という必要がなくなり、長期的な事業計画に基づいた戦略的な事業拡大が可能になりました。

そして、出資者の責任範囲を自分が拠出した出資金額に限る**有限責任**という考え方も導入されました。要するに、事業が失敗すれば出資金は失われるかもしれないけれど、それ以上の損失は負担する必要がないということです。貸金業者は、会社が借金を返せなくなった場合に出資者に返済を迫ることができなくなるので、無限責任のときよりも厳しい内容になりますが、現代の金融の仕組みは基本的にこの形をとっています。この基本形が、当時のオランダで生まれたということですね。

これで出資者は、自分が出資した以上の損失が発生するかもしれないということに怯えることなく出資ができるようになったのですが、彼らが気安く投資をするにはもう一つ障害がありました。オランダ東インド会社では、先に述べたように、一航海当たりではなく継続的な事業に対して出資するという形をとりましたが、そうすると出資者にとっては、出資したお金がなかなか戻ってこないという問題が生じます。

そこで取り入れられたのが、出資証券の売買制度です。オランダ東インド会社設立と同年、アムステルダム証券取引所が設立され、主にオランダ東インド会社の出資証券が売買できるようになりました。これで、出資者は他の投資家に出資証券を転売することで、いつでも出資金を回収できるようになったわけです。もちろん、その

ときの売却価格は保証されていませんから、元本割れが生じる可能性はあるのですが、いつになったら投資資金を回収できるかわからない状態に比べると、いざというときに「途中で売れる」というのは大きな意味を持ちます。

　オランダ東インド会社は、こうした各種の金融イノベーションによって生み出された会社だったのです。出資者の権限などに関していまの株式会社とは必ずしも同じではない部分もありますが、株式会社のメリットとされる特徴の多くを有していて、そのことから"世界最初の株式会社"ともいわれています。

　そのオランダ東インド会社が集めた出資金は、約64万4000ギルダーです。通貨の単位が違いますが、当時の1ギルダーは1ポンドとほぼ同等の価値なので、オランダ東インド会社が集めた出資金はイギリス東インド会社のおよそ10倍にも上ったことになります。

　この資金力の違いを反映して、オランダ東インド会社がアジアに送る船団の規模は、ポルトガルの数倍、イギリス東インド会社の2倍以上だったといいます＊。加えて、長期的に資金を確保しているので、計画的に進出地を拡大していくこともできます。こうして、オランダはあっという間にアジア貿易を独占していきました。

　オランダといえば、江戸時代に日本と交易していた唯一の西洋国家ですが、それもそのはずで、江戸時代が幕を開けた17世紀のオランダは、アジア貿易で他の追随を許さない存在になっていたのです。イギリスが1613年に開設したばかりの日本の平戸商館を閉鎖したのは1623年。現在のインドネシアにあるアンボイナという拠点をオランダに奪われたのと同じ年です。イギリスが日本にやってこなくなったのは、オランダとの競争に敗れたからという面が強かったのです。ちなみに、イギリス東インド会社は、この後、有限責任制を取り入れたりしながらインドとの交易に専念し、18世紀に

＊ 本章における数値等は、ニーアル・ファーガソン『大英帝国の歴史』、ポール・ケネディ『大国の興亡』、板谷敏彦『金融の世界史』、川北稔『イギリス近代史講義』などを参照しています。

なってようやくオランダ東インド会社を超える存在になっていきます。

　いずれにしても、オランダの近代的な金融制度や金融市場が覇権争いに大きく影響し、その結果が日本史にも色濃く反映していたということになります。

SECTION 1-2

イギリスはなぜ
大国フランスに勝てたのか

●イギリスの財政革命はオランダから学んだものだった

　次の話題は、最初の海上覇権争いでオランダの後塵を拝したイギリスのその後に関するものです。

　奇しくもアルマダ戦争のちょうど100年後、1688年に名誉革命が起きました。名誉革命は、イギリスで議会に根差した立憲君主制が確立した出来事として有名ですが、世界史の流れのなかでは、ほかにも重要な意味があります。一つは、当時ヨーロッパ最強を誇った大国フランスに対抗するためイギリスとオランダが同盟を組んだことです。もう一つは、それと深くかかわっているのですが、後の大英帝国の建設がここから始まるという点です。

　当時のフランスは、人口でイギリス（イングランドとウェールズ）の3倍近く、経済規模で2倍以上だったとみられています。イギリスには毛織物工業などがあって、1人当たりの所得は農業国のフランスよりも少し高かったのですが、経済規模では比較になりません。1人当たりの所得では断トツのオランダも、なお世界貿易の中枢を握ってはいましたが、人口はイギリスと比べてもはるかに小さい国なので、両国が組んでも規模的にはフランスになお及びませんでした。

　当初、イギリスは自分たちを押しのけて繁栄するオランダを妬み、一時戦争状態にまでなった（英蘭戦争）のですが、やがて圧倒的な力を持つフランスを前に、オランダと組むしかないと考えるようになります。ちなみに名誉革命では、カトリック優遇政策を敷き、親フランス派だった国王ジェームズ二世が追放され、かわってジェームズの娘でプロテスタントだったメアリー（二世）、およびその夫ウィリアム（三世）が国王となりました。ウィリアムは、もともとオランダ総督のオラニエ公ウィレムです。外国人が国王になるなんて不思

議な感じもしますが、名誉革命に際してはウィレムが2万のオランダ軍を率いてイングランドに上陸し、イギリス議会派を支援しています。その功績があったからウィレムの国王就任も認めざるを得なかったのでしょう。

いずれにしても、オランダと協力して前国王を追放し、オランダ人を新国王の一人に迎えるということが名誉革命のもう一つの側面を如実に物語っています。

では、これらがイギリスの成功とどうかかわっているのでしょうか。

イギリスとフランスの抗争は、この後、ナポレオン戦争を含めて100年以上にわたって続きます。第二次英仏百年戦争という呼び方もあります。これだけの長期戦になると、戦費を借入で調達する必要が高まり、財政を維持できるかを含めて総力戦にならざるを得ません。

このころまで、国家の借金は国王の借金と同義でした。そして、強大な力を持つ国王ほど借金を踏み倒してしまうということが起きやすくなります。スペインでも、フランスでも、しばしば借金の踏み倒しが行なわれました。こうした踏み倒しで大損害を被って歴史から姿を消す貸金業者も数多くいたため、彼らも自衛をしなければなりません。いくらフランスが大国だからといっても、時に貸出を渋り、場合によっては金利をかなり高く設定してようやく資金を提供しました。

一方、イギリスでは名誉革命と、議会の権限等を定めた翌年の"権利の章典"により、徴税権を含めた主権（ソブリン）が議会にあることが確認されます。そして、この徴税権をもとに議会が国家の借金返済に責任を持つことが明示されることになります。これが近代的な国債制度の起源とされます。国債を含む債券については第4章で詳述しますが、ここではとりあえず国が発行する借用証書のようなものと考えてください。同時にこの国債は、やはり投資家同士が自由に売買できるように取引制度が整備されていきました。

1694年には、これらの財政・金融制度改革の中核としてイングランド銀行が設立されました。当時のイングランド銀行は、いまの

中央銀行とは少し位置づけが異なりますが、紙幣の発行のほか、政府への融資や国債の引き受けなどを主業務にするまさに"政府の銀行"でした。

これら一連の改革は**財政革命**と呼ばれています。この財政革命によって、イギリスは100年以上に及ぶフランスとの抗争に立ち向かえる資金力を身につけたのです。

この財政革命では、オランダの影響が非常に大きかったといわれています。当時オランダは、金融の最先進国でした。その金融、財政制度が大きな参考となったのです。イングランド銀行も、オランダのアムステルダム銀行を一つのモデルとして設立されました。さらにいうと、経済が成熟したオランダでは、国内に投資機会がなかなかみつからず、あり余る投資資金をこのころからイギリスに振り向けるようになります。イギリスの国債やイングランド銀行の出資金、さらにはライバルであるはずのイギリス東インド会社の出資金にすらオランダ投資家のお金が大量に流れ込みました。これが結果として、オランダが徐々に衰退し、イギリスが興隆していく背景になっていきます*。

●信用力の差でフランスに勝ったイギリス

もちろん、イギリスの興隆にはほかにもいろいろと理由があるでしょう。イギリスの海軍は、当初は、規模ではフランスに劣っていましたが精強さでは勝っており、やがて規模でもフランス海軍を上回っていきます。また、イギリスはフランスと戦ううえで、オランダ以外にも常に同盟者を求めました。こうした外交力もイギリスの強みです。しかし、大規模でよく訓練された海軍を育成するにはお金がかかります。また、強大なフランスと戦う同盟者を募るときも、豊富な資金援助などのメリットを示さなければ容易には進まなかったでしょう。資金力があったからこそ、こうした強みを発揮するこ

＊イギリスとオランダの同盟は、1756年、七年戦争の勃発時にオランダが中立を表明して終焉を迎えるまで続きました。このころまでにイギリスは、十分に強国としての地位を築き終わっていました。

とができたのです。

18世紀後半、イギリスの国家債務は、経済規模がより大きいフランスと同規模にまで膨らみました。経済規模に対する債務残高の比率でいえばイギリスのほうがかなり高かったわけです。債務の比率が高いということは、一般には健全性に劣ることを意味しますが、見方を変えると、それだけお金を借りる力があったということです。しかも、借金の額は同程度なのに、利息の負担はフランスの半分ほどでした。

お金を出す側からすると、いつ踏み倒されるかもしれないフランスとは違い、イギリスはきちんと借金を返済してくれそうだから低い利息でもお金を貸そうという気になるわけです。借金をきちんと返してくれそうかという信頼度合いを**信用力**といいますが、この信用力の差がフランスとの決定的な差となりました。

その後フランスは、次第に財政負担に耐え切れなくなり、それが大きなきっかけとなってフランス革命が起こります。ところが、この革命の混乱のなかで、あのナポレオンが彗星のごとく登場します。

図表1 ● オランダ独立戦争及び大英帝国の年表

オランダ独立戦争	1568	スペイン領ネーデルラントでキリスト教新教徒 (プロテスタント) による反乱が勃発
	1581	オランダ独立宣言
	1585	イギリスがオランダ支援を決定
	1588	アルマダ戦争でスペインがイギリスに敗北
	1600	イギリス東インド会社設立
	1602	オランダ東インド会社設立
	1609	オランダとスペインが暫定和平で合意
	1623	アンボイナ事件
	1648	ウエストファリア条約でオランダの独立が正式に承認される
大英帝国	1688	名誉革命
	1689	権利の章典
	1694	イングランド銀行設立。このころ財政改革が進行
	1707	スコットランドを併合し、グレート・ブリテン連合王国結成
	1756	七年戦争 (主要交戦国は、イギリス・プロイセンvsフランス・オーストリア・ロシア) 勃発。オランダがイギリスとの対フランス同盟から外れる
	1763	七年戦争終了。大英帝国の原型がほぼ姿を現す
	1793	フランス革命の激化に伴って対仏大同盟が結成される。以後、断続的に戦争が続く
	1815	ワーテルローの戦いでイギリス・プロイセン連合軍がナポレオン率いるフランス軍に勝利。パックス・ブリタニカ始まる

ナポレオンの躍進は、なんだかんだいっても当時のフランスが強大な国であったからこそのことです。

一方のイギリスは、ナポレオンの攻勢によってかつてない苦戦を強いられますが、1815年のワーテルローの戦いで、ついに長きにわたったフランスとの抗争に終止符を打ち、最終的な勝利を手にします。この時点でイギリスの国家債務は、経済規模の2.5倍にまで膨れ上がったと推測されています（ちなみに、この水準は、いまの日本の国家債務の水準とほぼ同じです）。

イギリスもまた借金まみれとなって、破綻寸前の状態でかろうじて勝利を収めたわけです。しかし、ここまで借金を拡大できたのは高い財政力の裏返しです。そして、ここから"パックス・ブリタニカ（イギリスによる平和）"とも呼ばれる大英帝国の覇権時代が幕を開け、それがおよそ100年のあいだ続きます。イギリスは"世界の工場"と呼ばれるほどに突出した工業力を誇るだけでなく、国際金融の世界でも圧倒的な地位を獲得していきます。そんななかで、イギリスは財政破綻に陥ることなく、対フランス戦争で積みあがった莫大な借金を着実に減らしていくことができたのでした。

このように大英帝国の繁栄の出発点には、近代的な国債制度や金融市場の確立と、そこに資金を投じたオランダ人投資家の投資マネーが深くかかわっていたのです。

SECTION 1-3

GAFAはなぜこれほど
強大になったのか

●新興企業が莫大な資金を調達できる仕組み

　ここまで、世界史の大きな流れのなかで金融がいかに重要な役割を果たしてきたかを簡単にみてきました。次は、もう少し現代の話もみていきたいと思います。

　いま、世界経済はAI（人工知能）やビッグデータにけん引される新しいうねりのなかに置かれています。データ・エコノミーとか、第4次産業革命などともいわれていますね。その一大変革を主導するのが、米国のテクノロジー大手企業群です。

　これらの企業をまとめて呼ぶ名称にはさまざまなものがありますが、いちばん有名な呼称はGAFA（ガーファ）でしょうか。グーグル（上場企業名はアルファベット）、アマゾン、フェイスブック、アップルの頭文字をとった呼び方です。このうちアップルはやや社歴が古く、しかも電子機器（ハード）のメーカーという色彩が強いので、新興のネットサービス大手を表すために、アップルを外して動画配信大手のネットフリックスを入れたFANG（ファング）という呼称が使われることもあります。でもやっぱりアップルも入れたいという場合はFAANG（ファング）になります。また、GAFAにマイクロソフトを入れたGAFAM（ガファム）またはMAGFA（マグファ）なんていう呼び方もあります。マイクロソフトもやや社歴の古い企業ですが、いまやクラウドサービスで首位のアマゾンに次ぐ大手企業にもなっているので、アップルを入れるならこちらもというところでしょうか。

　さて、呼び方はともかく、これらの企業群はいずれも世界的な超巨大企業です。しかも、1970年代に創業されたアップルやマイクロソフトを除けば、いずれも社歴の浅い新興企業ばかりなのです。これらの新興企業がごく短期間のあいだに、日本のトヨタやソフトバンクの何倍もの価値を持つ巨大企業へとなぜ成長できたのでしょ

うか。

まずは、アマゾンを取り上げてみましょう。アマゾンは、大手ヘッジファンドであるD・E・ショーという運用会社のアナリストだったジェフ・ベゾスが1994年に立ち上げた小さなオンラインショップ会社から始まっています。ヘッジファンドとは、主に少数の大口投資家の資金を専門的な手法で運用するファンド、もしくはその運用会社の総称ですが、金融市場における存在感が高く、有名な運用責任者（ファンドマネジャー）になると報酬も桁外れとなります。ベゾスは当時まだ30歳で、とくに高名というほどでもなかったのですが、それでも大手ヘッジファンド出身者ですから、それなりにお金は持っていたはずです。そうしたお金をつぎ込みながら、1995年には社名をアマゾンに変え、その後の発展の出発点となるオンライン書店業を始めました。

当時は、インターネットの普及に対する世間の期待が高く、後にITバブルとかドットコム・バブルといわれる株式市場のブームが起き始めていた時期にあたります。設立されてまだ日が浅く、一度も黒字決算を記録したことのないアマゾンも、こうしたブームに支えられて1997年にナスダック市場に上場を果たします。

上場というのは、第3章で詳しく説明しますが、企業の株式を取引所で取引できるように登録することで、一般にIPO（Initial Public Offering）と呼ばれる株式の発行や売出が同時に行なわれます。このIPOで企業は新規に発行した株を投資家に売却して資金を調達するのですが、アマゾンはこのときに5400万ドル（1ドル＝100円として54億円）の資金を調達しました。いまのアマゾンからしたら大した金額ではありませんが、社員百数十人の赤字企業にとってはとても大きな意味を持つお金でした。

この後アマゾンは、取扱商品を増やしていったり、何よりも配送のための物流網を順次整備していったりして、やがて他のオンラインショップ会社の追随を許さない企業へと成長していきます。そのために必要な各種の投資を可能としたのは、こうした金融市場から調達した資金だったのです。

やがてドットコム・バブルのブームが過ぎ去ると、アマゾンにと

っても厳しい時代が訪れます。ですが、ブームに浮かれずに着実に成長への投資を積み上げてきたアマゾンは生き残り、やがて世界最大級の企業へとのし上がっていきます。

もちろん、当時のブームのなかで投資家から巨額の資金を集めた企業はアマゾン以外にも多数あります。また、アマゾンなどの成功例もあって、いまでは新興企業がさらに桁外れの資金を集める事例も増えてきました。とはいっても、お金が入ってきたからといって成功するという単純なものではなく、結局は入ってきたお金を有効に使えたかどうかで結果は分かれます。そして、最終的に勝者になる企業はごく一握りです。

ただ、いずれにしても米国には、黒字を出していない新興の中小企業にもときに莫大な資金を提供し、そのうちの何分の一かの企業が大化けしてくれればよいとするダイナミックな資本主義市場がうまく機能していることは間違いありません。

これら新興企業への投資はリスク（危険）が高いように思えますし、そして実際に成功企業に当たる確率が低いという意味ではそのとおりなのですが、それでも投資家にとっては十分に魅力的な収益機会になりえます。だからこそ、こうした投資にお金が集まり、ダイナミックな環境が維持されるわけです。

たとえ投資した新興企業のほとんどがダメになったとしても、何分の一かでも大当たりすれば、トータルでは大きな利益が生まれる可能性があります。なにしろ、上場時のアマゾン株に投資をしていれば、その後 2017 年までの 20 年間でその価値は 490 倍にもなったのですから。もっとも、経営者や社員持ち株以外のほとんどの投資家は途中のどこかで売却してしまい、490 倍のリターン（収益率）を丸々得られた投資家はほとんどいなかったとは思いますが……。

●未知の企業を応援する投資家の存在

こうした米国のダイナミックな市場環境には、上場以外にもさまざまな要素が絡みます。それをグーグルの事例でみてみましょう。

グーグルは入力したキーワードに関連するウェブサイトを検索してくれる検索エンジンの会社です。検索エンジンの利用は無料で、

そこに掲載する広告料によって利益を得ます。グーグルがラリー・ペイジ、セルゲイ・ブリンという二人のスタンフォード大学の学生によって起業されたのは1998年のことです。検索エンジンも、それに広告を掲載するビジネスモデルも、実はグーグルが発案者ではありません。ただ、グーグルは検索の精度を高める工夫を凝らしたのです。

　彼らがただそのアイデアだけを持ち、まだ1ドルの収入も生んでいない時期に創業資金を提供したのは、サン・マイクロシステムズというIT企業の共同創業者だったアンディ・ベクトルシャイムという人です。彼は二人の学生に10万ドル（1ドル＝100円として1000万円）の小切手をポンと渡しました。他の事例と比べると額はさほどでもありませんが、名もなく実績もない大学生たちに渡したお金という点が注目に値します。

　こうしてグーグルはスタートします。そして創業翌年の1999年には、グーグルはさらに投資家たちから合計で2500万ドル（25億円）という巨額の資金を集めます。これもドットコム・バブルの熱狂のなかで起きた出来事の一つです。

　グーグルはまだこの時点では上場していません。つまり米国には、上場前の小さな企業にこれだけのお金を投じる人たちがいるということですね。こうした、いわゆるベンチャー投資家には、ベクトルシャイムのような富裕な個人投資家に加え、新興企業専門の投資会社であるベンチャー・キャピタルなどがいます。前者の個人投資家は"エンジェル投資家"とも呼ばれており、自身も起業家だったり企業経営の経験者だったりする場合が多く、経営に関して未熟な若い創業者をさまざまな面でバックアップすることも期待されています。

　ちなみに、グーグルはドットコム・バブルが過ぎ去った後の2001年に、外部から経営の専門家としてエリック・シュミットを招き、彼をトップであるCEOに就けます。このプロ経営者の招へいもまた、後のグーグルの成功要因の一つになったといわれています。

　さて、こうしたエンジェル投資家やベンチャー・キャピタルから

の出資、プロ経営者の登用などでドットコム・バブル崩壊の嵐を切り抜けたグーグルは、2004年に晴れて上場を果たします。そのときの資金調達額は17億ドル弱〔1700億円！〕です。

グーグルが超近代的で快適な本社オフィスであるグーグルプレックスを建設し、高給を払って世界中からトップクラスの優秀な人材を集め、人工知能など将来を見据えたさまざまな最先端技術に惜しげもなく投資できたのは、経営陣のビジョンはもちろんのことながら、こうした莫大な投資資金が一新興企業に流れ込むような仕組みが存在するからこそのことです。こうしてグーグルは人工知能の研究、自動運転技術の開発などで世界最先端を行くテクノロジー界の巨人となります。

グーグルは、創業時は検索エンジンだけの会社でした。ベンチャー投資や株式上場による巨額の資金調達によってはじめて、われわれがいま知っているグーグルへと成長していったのです。

新時代を牽引する巨大企業が主に米国から現れるのはなぜなのか。アマゾンやグーグルの事例をみれば、答えの一つは簡単にみつかります。優れたアイデアや技術をもつ人々の創業を、お金を出したり、さまざまなアドバイスをしたり、ときに経営能力を提供したりして支え、発展させ、さらに株式上場によって巨額の資金調達を可能とさせるような一連のシステムがうまくワークしているからです。こうした自然発生的な環境やシステムのことを"生態系"という意味のエコシステムと呼びますが、米国には新興企業を大きく育てるエコシステムがしっかりと根付いているのです。

このエコシステムの根幹にあるのは、何といっても"お金の流れ"です。新興企業にお金が流れ込むシステムがあり、成功すれば創業者はもちろん、投資家や助言者などそれにかかわった人たちも莫大な利益を得ます。だからこそ、さまざまな人材が集まり、柔軟で機動的なエコシステムが維持されるのです。そして、そのエコシステムで成功を収めた創業者たちは、次には自分たちがそのエコシステムを支える側に回ります。

●「エコシステム」が成長企業を生む

　こうした新興企業を取り巻くお金のエコシステムのより劇的な事例として、最後にフェイスブックの事例も簡単にみておきましょう。フェイスブックは、SNS（ソーシャル・ネットワーキング・サービス）の大手で、グーグルと並ぶ人工知能分野の先導的存在でもあります。2010年に公開された「ソーシャルネットワーク」という映画で、創業仲間たちの確執が描かれて話題になりましたが、劇中ではエンジェル投資家やベンチャー・キャピタリストたちが、アイデア段階でしかなかったフェイスブックに群がる様もやや生々しく描かれています。

　フェイスブックは、2004年にハーバード大学の学生だったマーク・ザッカーバーグらによって創業されました。そこにエンジェル投資家やベンチャー・キャピタルの投資が集まり、順調にビジネスを拡大させたフェイスブックは2012年に満を持しての上場を果たします。創業から8年での上場はアマゾンやグーグルに比べると遅いのですが、日本の上場事例と比べればそれでもかなりのスピー

図表2 ● 米国テック大手の歴史

年	主な出来事
1994	ジェフ・ベゾス、アマゾンの前身となる会社を設立
1997	アマゾン上場
1998	ラリー・ペイジ、セルゲイ・ブリンがグーグルを設立
2004	グーグルが上場 マーク・ザッカーバーグ、フェイスブック設立
2006	グーグル、本社屋グーグルプレックスを取得
2012	フェイスブックが上場、インスタグラムを買収

ド上場です。そして、このときにフェイスブックが集めたお金はなんと160億ドル（1兆6000億円）にも及びました。これだけのお金があれば、日進月歩の人工知能分野で一気にトップクラスの研究開発体制を整備することも、優れたアイデアや技術を持つ別の新興企業を買収して呑み込んでしまうことも可能になるわけです。こうして、写真共有アプリのインスタグラムを含む巨大企業としてのフェイスブックが姿を現します。

　米国で世界経済を主導する巨大企業が生まれるのには、もちろんお金以外にも理由があります。米国はそもそも自国経済の規模が大きく、国内市場で成功するだけで大きな利益が得られます。また世界経済でも主導的な地位にいて、他国の消費者への影響力も強いので、米国で成功した製品やサービスはグローバルに展開しやすいといった点も大きなメリットでしょう。たとえば日本では、市場の規模が米国よりもだいぶ小さいので企業もその制約を受けます。また、日本語や特殊なサービス慣行などといった特質もあって、日本で成功したものをそのままグローバルな展開に結びつけるのは必ずしも容易ではありません。

　そうした点はもちろんそうなのですが、その裏側では、新しい企業に巨額の資金が流れ込む柔軟な金融市場の存在や、それを含めたエコシステムの存在が大きな役割を果たしていることもまた疑いのないところでしょう。

SECTION 1-4

"世界で最も成功した投資家"を
めぐる数字のマジック

●ウォーレン・バフェットはどうやって資産を増やしたのか

　ここまで、主にお金を調達する側からみた金融の話をしてきましたので、お金を出す側、すなわち投資家の世界も少しみておきましょう。とはいっても、投資家にはさまざまなタイプが存在し、それらを一つ一つ追っていくことはできませんので、ここでは世界でもっとも有名な投資家であるウォーレン・バフェットに登場してもらいましょう。

　投資には偶然や運などさまざまな要素が絡むため、世界で最も優れた投資家が誰かを決めることはむずかしいのですが、世界で最も有名な投資家となるとバフェットをおいてほかにはいません。そしてそれは、彼が"最も成功した投資家"でもあるからです。

　彼は、フォーブス誌による2019年の世界個人資産ランキングの第3位に825億ドル（1ドル＝100円として8兆2500億円）でランクインしています。ちなみに、第1位はアマゾン創業者のジェフ・ベゾスで、第2位がマイクロソフト創業者のビル・ゲイツです。

　さて、バフェットはバークシャー・ハザウェイという繊維会社を買収し、それを投資持ち株会社にして、いまでもその総帥を務めています。いまやバークシャーは、多くの企業を傘下に収め、フェイスブックあたりと順位を争う全米屈指の大企業の一つですので、バフェットには経営者としての顔もあるわけですが、なんといってもその本分は投資にあるといっていいでしょう。

　バフェットの投資手法はよく知られていて、一口に言ってしまえば、優良な企業の株を割安なときに買い、それをとにかく長く保有する、というものです。とくに確固たるブランドを築き、安定した収益力としっかりとした財務体質、そして有能な経営陣を持つ消費財企業を好み、たとえばコカ・コーラやジレットなどが"バフェッ

ト銘柄"として知られています。こうした投資手法が一般的な投資理論のなかでどのように位置づけられるのかは第7章で取り上げますので、ここではこれ以上踏み込みませんが、バフェットはこうした投資手法によって他に例をみない成功を収めてきたわけです。

さて、バフェットが株式投資で頭角を現し始めたのは1950年代のことですから、現在に至るまで60年以上のキャリアがあることになります。この間の彼の投資成績を1年当たりの収益率でみると平均二十数パーセントに達するとみられています。

これがどれほどすごいかというと、実は単年度でみればそれほどすごい数字ではありません。株式投資では、上手くいけば年間20～30％程度の利益を上げることはざらにあるものです。ただ、それが60年間の平均であるという点は驚かざるを得ません。投資の世界では短期的に成功を収めることはよくあることですが、むずかしいのはそれを長期間続けることです。

もっとも、このバフェットの成功には、過去の米国株式市場が、数々の下落局面にさらされながらも結局は回復し続けてきたということも大きく寄与しています。株式市場が何らかの原因で一時的に混乱に陥り、全般的に株価が大きく下落するとき、いかに安定して利益を生み出し続けることができる優良企業でも、右に倣えで株価は下がってしまうものです。そんなときに優良企業の株を買っておけば、株式市場が回復したときに大きな利益を得られるはずです。もっとも、後からみたら一見簡単にみえるこのロジックを実際に実行することはとてもむずかしく、それこそが、バフェットが特別な投資家となった理由でもあるわけですが……。

ちなみに、1958年末から2018年末までの60年間、米国のS&P500という株価指数は年平均で7％弱上昇しています。株式投資では、株価の上昇のほかに、配当の受取りも収益源になります。その配当を含めたトータルのリターンでは年平均10％弱です。したがって、バフェットの運用成績の4割程度は、米国株が長期的に上がり続けてきたことに起因していることになります。

●長期投資と複利が生み出す桁外れの効果

そこで、まずはバフェットのようにとくに優秀というわけでもないごく普通の投資家を想定してみましょう。この投資家は60年前に1000ドルをごく平均的な米国株に投資したとします。その株が年平均で10%のリターンを出し続けたとすると、60年後に当初1000ドルだった投資額はどのくらいに増えているでしょうか。

これは**複利計算**という方法で簡単に計算できます。最初の1000ドルは、1年後に10%価値が増えるので、1000ドルの10%分、すなわち100ドル増えて1100ドルになります。次の1年間も10%価値が増えるので、今度は1100ドルの10%、すなわち110ドル増えて1210ドルです。つまり、1年当たりで1.1倍に増えていき、それを60回繰り返します。その結果は、

$$1000 ドル \times 1.1^{60}$$

で計算でき、答えは約30万4500ドル、最初の1000ドルの304.5倍となります。これを1ドル＝100円で円に置き換えてみると、たとえば20歳のときにわずか10万円を投じて、80歳のときに3045万円を手にできた計算になります*。近頃日本で騒がれていた年金不足問題も吹き飛んでしまうほどのインパクトですね。

この計算はあくまでも、途中で引き出したりせず、配当などで受け取った分も株を追加購入するなどして株式投資に回し続けた場合の計算です。途中でいったん売却して利益を確定したりすると税金がかかりますので、その分のお金は途中で流出してしまいます。また、投資資金が増えた分の一部をクルマや住宅の購入資金として使うという場合もあるでしょう。そうすると、やはりこの計算は成り立ちません。さらにいうと、配当で受け取った分にはやはり税金がかかるので、本当はそうした効果も考慮に入れないと正確な計算は

＊ここでの数字は米国投資家の成績を単純に円に置き換えて示しているだけで、60年前の日本の平均的投資家がそのような投資を実際に行なうことが可能だったことを示しているわけではありません。

できません。ですが、結論は大きく変わりません。途中でお金を引き出さずに株式投資を継続していけば、(少なくともこの60年間の米国では)信じられない投資成果が得られた可能性が非常に高かったということです。

こうした長期投資がもたらす桁外れの効果は、バフェット自身が"複利の魔法"と呼んでいるものにほかなりません。

●わずかな差が積み重なると大きな差になる

話はこれで終わりません。といいますか、本当に興味深いのはここからです。ごく普通の投資家を仮定したいまの計算に、優れた投資家であるバフェットの数字を当てはめてみましょう。バフェットの投資成績は、ここでは1年当たり25％としておきます。今度は、1年間で1.25倍になるのを60回繰り返すことになります。つまり1.25の60乗倍ですね。答えは、約65万倍です。最初の10万円が650億円！　になるということです。

年10％を60年続けることで得られるものも相当なものでしたが、

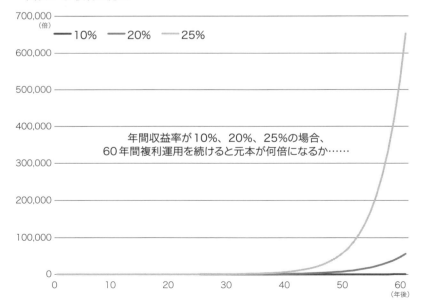

図表3 ● 複利の魔法

それが年25％になると、さらにとんでもないことになるのです。バフェットのように優れた手腕をもつ投資家でも、1年、2年でみたら大勢の成功した投資家の一人に過ぎないかもしれません。ですが、投資の世界では、真の実力は長い年月を経て初めて明らかになるものです。そして、60年もたてば桁外れの差が現れます（**図表3**）。

　ちなみに、先ほどの計算で年平均の収益率をわずかに1％引き上げて26％として計算してみます。すると、60年間での資産の増加倍率は105万倍に跳ね上がります。わずかな差が積み重なると大きな差が生まれるわけです。これも"複利の魔法"のマジカルな特徴の一つです。

SECTION 1−5

金融市場のとんでもない大きさ

●日本の株の時価総額はGDPの1.1倍

　この章の最後に、金融市場のとてつもない大きさについて触れておきましょう。これらの数字は、桁外れのものなので、なかなか実感がつかみにくいと思います。したがって、とりあえずは「実感は湧かないけど、とにかく大きいんだな」という感じでみていただければ結構です。ただし、大きな数字をざっくりとイメージできるようにすることは、のちのち金融を理解するうえで色々と役に立つと思います。ですから、大きな数字に少しずつ慣れていただくということも大切かと思います。

　さて、まずは経済ニュースでもよく取り上げられる株式市場の規模についてです。日本の株式市場では、毎日2兆〜3兆円程度の株が売買されています。2018年度の東京証券取引所第一部（東証一部）という日本の主力市場での1日当たり平均売買金額がおよそ3兆円でした。年間では740兆円ほどにのぼります。

　あまりにも巨大な数字ですが、こうした大きな数字を把握するときに比較対象としてよく用いられるのがGDP（国内総生産）です。GDPは、Gross Domestic Productsの略で、国内で生み出される付加価値の合計額のことです。

　たとえば600円の材料を購入し、それを組み立てたり加工したりして1000円の製品にして販売すると、その過程で新たに400円分の価値が生み出されていることになりますが、それが付加価値です。基本的には利益と似た概念ですが、このなかから従業員の給料や税金が支払われることになるので、会計上の利益よりも広い概念となります。国の経済活動の大きさを示す指標として非常によく使われています。日本の場合、このGDPが名目値で550兆円（2018年度）ほどです。いつくかの経済指標には、インフレ（物価上昇）分を調

整した実質値と、調整していない名目値の両方があります。名目GDPは、インフレ分を調整せずにいま現在の金額で表したGDPということになります。

　株式の年間売買金額は、この名目GDPと比較すると1.3倍以上です。実体経済の規模に比べて、金融取引の規模がいかに大きいかがなんとなくイメージできると思います。

　ちなみに、株式市場の大きさを示すのに売買金額以上によく使われるのが**時価総額**という数値です。売買金額は一定期間内に行なわれた取引によってお金が右に左にと流れていく大きさを示すもので、こうした数値をフローといいますが、これに対して時価総額は一定時点における残高を時価で評価したもので、こうした数値はストックといいます。株式の場合、市場に出回っているすべての株式に、ある一定時点の時価をかけて総合計したものが、その時点の時価総額ということになります。東京証券取引所を含む日本取引所グループ（JPX）運営の取引所すべての時価総額は、2018年度末時点で約620兆円です。

　GDPは年間に生み出される付加価値額の合計ということでフローの数字なので、ストックである時価総額と直接比較するのはおかしいと思われるかもしれませんが、とりあえず規模感をつかむために比較すると、日本の株の時価総額はGDPの1.1倍ちょっとということになります＊。

　ちなみに、家計が保有する金融資産額はストックの数字です。こちらは、2018年度末で1835兆円＊＊です。日本の家計はGDPのざっと3.3倍もの金融資産を積み上げているということですね。この家計金融資産に対する株式の時価総額の割合は3割程度ですが、日本の家計自体は金融資産の10%分程度しか株を保有していません。

＊　株式時価総額のGDPに対する倍率は"バフェット指標"とも呼ばれていて、株価の長期的割高さを判定する指標の一つとされています。株が企業利益の何倍かの価値を持ち、その企業利益がGDPの一定比率を占めているとすれば、時価総額とGDPの倍率は一定の範囲内に収まるはずだという考え方が背景にあります。
＊＊　借金の額を差し引いたネットの資産額は1512兆円です。

残りの株は、海外の投資家を含む機関投資家＊などの大口投資家が保有しているということです。

●債券の発行残高はGDPや株式時価総額よりもやや大きい

次に、債券市場の規模もみておきましょう。発行残高（ストック）でみたその市場規模は1175兆円と、株式時価総額の2倍近くもあります。それだけ重要な市場ということです。ただし、株式が企業によって発行されるものであるのに対して、債券は、企業のほか国や地方公共団体なども発行しています。とくに日本では国が発行する債券、いわゆる国債が大きなウェートを占めており、さきほどの1175兆円の発行残高のうち966兆円ほど（80%超）が国債です。

やたらと大きな数字ばかりが出てきましたが、あともう少し、世界全体の数字もみておきましょう。世界の名目GDP（2018年末）は日本の約17倍で、ドルベースで85兆ドル（ざっくり1ドル＝100円として8500兆円）ほどです。世界の株式時価総額の合計は74兆ドル（7400兆円）で、GDPより若干小さい数字になっています。一方、債券の発行残高は115兆ドル（1京1500兆円）あります。大まかにいうと、株式の時価総額はGDPと大体同じくらいの規模で、債券の発行残高はGDPや株式時価総額よりもやや大きいという序列が、日本でも世界でも共通していることがわかります（**図表4**）。

ここで取り上げたのは、株式や債券など投資家が自由に売買を繰り返している金融商品だけで、銀行が貸し出している融資などは含んでいません。ですが、いずれにしても金融取引はとにかくあまりにも膨大に行なわれていて、実体経済と比べても金融市場はかなり大きいことがわかります。さらにいうと、最後の章で取り上げるデリバティブ（派生取引）と呼ばれるものを加えると、金融市場の大きさはまさに天文学的とすらいえるほどになります。

あまりに大きくなりすぎた金融市場が果たして良いことなのか悪

＊個人ではなく組織として投資を行なっている投資家を機関投資家と呼びます。保険会社などの金融機関、年金基金、投資信託をはじめとする各種ファンドなどが該当します。

図表4 ● 名目GDPと比較した株式市場と債券市場の規模

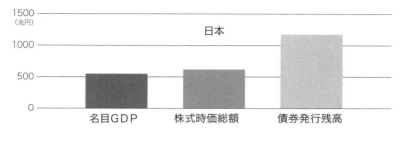

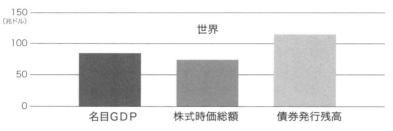

※各種統計より筆者作成。日本は2018年度、世界は2018年（暦年）の数値。

いことなのかはともかくとして、現代社会における金融の重要性は、これらの数字からもうかがえると思います。

COLUMN

世界を変えた"リーマンショック"

　私が最初に勤めた銀行でデリバティブのトレーダーになったのが 1990 年のことでした。以来、金融市場とかかわって 30 年近くがたちますが、その間に起きた最も衝撃的で記憶に残る出来事といえば、やはり 2008 年の**リーマンショック**をおいてほかにはないでしょう。

　当時は、"世界恐慌の再来"だとか、"100 年に一度の出来事と"などともいわれました。結局、世界恐慌の再来というほどまでにはなりませんでしたが、それでも大きな傷跡を残し、金融のみならず、世界を大きく変える出来事となりました。

　ちなみに、リーマンショックというのは日本だけの呼称で、英語ではたんに"the financial crisis"、つまりそのものずばり「金融危機」と呼び、それにせいぜい "global" という言葉や年号をつけたりします。たしかに、全米 5 位の大手投資銀行リーマン・ブラザーズの破綻は一連の危機を象徴する出来事ではありましたが、単純にそれだけでは言い表せないということでしょうか。

　リーマンショックの遠因は、米国で一定のシェアを持っていたサブプライム住宅ローンと呼ばれる審査基準の緩い住宅ローンに多額の不良債権が発生したことにありました。ただし、危機の原因はそれだけではありませんでした。

　問題のサブプライム住宅ローンは、詳しくは第 8 章で解説しますが、証券化やデリバティブという金融イノベーションによって、さまざまな投資商品に加工され、世界中に販売されていたのです。なかには仕組みがとても複雑で、投資家が十分にリスクを理解しないままに投資するケースも多くみられました。こうして、米国の住宅ローン市場の一部で起きたバブル的な融資の拡大とその崩壊が、世界中を大混乱に陥れる事態につながったのです。

　さらに、その続きがあります。こうした投資商品による損失の発生が、金融市場に疑心暗鬼を生み、その機能を麻痺させてしまったのです。金融市場の機能麻痺は、たとえば保有しているリスク性の資産を売却したくてもできず、ずるずると損失を拡大させてしまう事態を招きます。また、金融機関は毎日巨額の資金を貸し借りして資金繰りをしていますが、そのお金の貸し借りが行なわ

れなくなると、資金繰りに窮する金融機関も現れます。

　こうした金融市場の機能麻痺がいくつかの金融機関の経営悪化を招き、それがまた疑心暗鬼を生んで金融市場の機能を麻痺させるといった悪循環が続いたのです。そして、その荒波のなかで破綻の危機にさらされたのがリーマン・ブラザースでした。リーマンの破綻を防ぐために政府が救済するかどうかが議論の的となりましたが、最終的に救済は見送られ、リーマンは破産法の申請を余儀なくされました。

　経営危機に陥った金融機関を公的な資金を使って救済するかどうかは、大変むずかしい問題です。経営に失敗しても救済されるなら、経営の規律は緩み、過度なリスクテイクを誘発しかねません。これは"モラル・ハザード"といわれる問題です。一方で、巨大金融機関を破綻させるがままにすると、市場が大混乱に陥り、世界経済に甚大な影響が及ぶ可能性もあります。リーマンショックはまさにそれでした。

　また、リーマンショックにおける本当の修羅場は、リーマン・ブラザースが破綻した直後というよりも、その後に公的資金を使った不良債権処理法案(TARP) が米国下院議会で否決されたときに訪れました。このとき金融市場は、まるで世界経済そのものが崩壊したかのような暴落をみせたのでした。

　リーマンの破綻にしても、議会における法案の否決にしても、当時の政府関係者や政治家たちは、あまりにも大きくなりすぎた金融市場の影響力の大きさを十分に理解しておらず、その場当たり的な対応によって事態をより深刻なものにしてしまったといえるかもしれません。

　その後、危機の震源地となった米国経済は順調に回復していきましたが、それ以前の景気回復局面に比べると力強さに欠け、"長期停滞 (セキュラー・スタグネーション) 論"が提起されるなど、その影響についてはいまでもさまざまな議論があります。また金融に関していえば、世界中で大手金融機関への規制や監視を強めたり、市場の透明性を高めたりする施策が次から次へと導入されていきました。もちろんそれらは、二度とリーマンショックを起こさないためのものですが、今度はそれが過剰規制を招いたり、副作用を生んだりしているという懸念も生まれています。

　良し悪しはともかくとして、世界は大きく変わりました。リーマンショック後の金融の世界は、もはやそれ以前には決して戻れなくなったのです。

第 ❷ 章

コーポレート・ファイナンスの基本

この章では、企業の資金調達など
コーポレート・ファイナンスの基本をみていきましょう。
金融に携わる人だけでなく、企業の経営者・管理職や、
投資家にとっても必ず押さえておくべき内容といえます。

SECTION **2-1**

基本となる財務会計の基礎

●財務と金融は同義

　企業における金融、すなわちコーポレート・ファイナンスの基本を押さえるには、まず財務会計の基礎知識が必要です。といっても、細かい技術的な話はとりあえず要りません。カギとなるのはバランスシートとPL、そしてキャッシュフローです。なお、ここで財務という言葉が出てきましたが、財務はお金の管理や計算に絡む業務全般を指し、いわば企業や国の金融活動の取りまとめのことです。会計や決算事務も含むので、日本語では"金融"というよりもやや広い意味合いで使われるイメージがありますが、英語ではやはりファイナンスであり、金融と基本的に同義と考えてもいいでしょう。

　ところで、財務会計やファイナンスというと、これらはおもに数字で扱われるものなので、どこか血肉の通わない冷たい世界というイメージがあるかもしれません。ですが、人々のアイデアや努力、さまざまな工夫や苦労の積み重ねとして行なわれる血肉の通った経済活動は、最終的にはすべて数字に表されるのです。

　大企業では、最高財務責任者（CFO、Chief Financial Officer）が任命されることが多いと思います。米国流の経営構造では、経営執行の最高責任者は最高経営責任者（CEO、Chief Executive Officer）で、次に最高執行責任者（COO、Chief Operations Officer または Chief Operating Officer）がいて、CFO を含めて最高幹部層を形成しています。

　つまり、CFO は企業経営でもっとも重要なポストの一つで、会社のナンバースリーである場合も多く、将来の CEO 候補者が CFO を務めるケースもあります。財務の責任者というと、会計や決算の取りまとめ役のように思われるかもしれませんが、CFO はたんなる事務方ではなく、経営戦略の根幹を担う財務戦略の立案・実行の責任者であり、営業活動や生産活動にも大きな影響力を持ちます。

いまの企業にとって、財務がいかに大きな役割を果たしているか、このCFOの位置づけをみてもわかりますね。
　それでは、財務における基本項目を、バランスシート、PL、キャッシュフローの順でみていくことにしましょう。

SECTION 2-2

バランスシート (貸借対照表)

●資産と負債・資本

バランスシート (BS、Balance Sheet) は、日本語では貸借対照表と呼ばれる財務諸表の一つです。一般にバランスシートという言葉が使われる場合、たんに書類の形式を指すだけでなく、企業活動を行なうための道具である**資産**と、それを賄うための**負債・資本**という両面から企業の実態をつかむ、という意味合いが伴うことが多いと思います。

バランスシートの概要をざっくりとつかむためには、**図表5**のようなイメージでとらえるといいでしょう。左側には資産の内訳が並び、右側にはまず負債、ついで資本が並びます＊。バランスシートは複式簿記の原則に則ってつくられるものなので、左側と右側の総計は必ず等しくなります。

❶資産

まず左側の資産 (Asset) ですが、これには大きく分けて流動資産と固定資産があります。流動資産は、現金・預金、売上にかかる金銭債権である売掛金、仕掛品や在庫など、すでにお金として手元にあるもの、あるいはいまはお金になっていないけどすぐにお金になることが予定されているものが該当します。固定資産は、工場、社屋、機械設備などの有形固定資産のほか、ソフトウェアやのれん (買収した企業の営業権) などの無形固定資産等からなります。基本的には、事業を行なうためにそのままの形で使用されるものが多く、すぐに現金化することが予定されていないか、それが困難なものが該

＊ 会計上の用語としては、バランスシートの左側は「借方 (かりかた)」、右側は「貸方 (かしかた)」と呼ばれますが、本書ではとくにこの呼び方は使用しません。

図表5 ● バランスシート（BS、貸借対照表）のイメージ

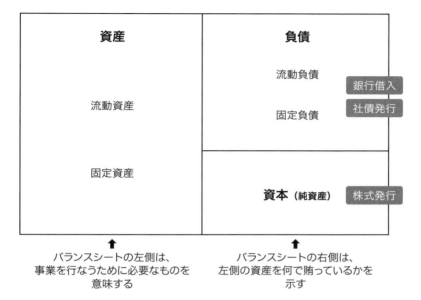

当します。

❷負債と資本

　企業は、前記の資産をもとに事業を行なって利益を追求するわけですが、その資産を得るための元手となっているものが負債（Debt）と資本（Equity）です。なお、負債と資本をひっくるめて広義の資本という場合があります。資本はもともと元手という意味ですから、負債も資本も事業の元手であるという点では一緒であるということですね。その場合、負債は**他人資本**、狭義の資本は**自己資本**として区別されます。

・負債

　負債には、資産と同じく流動、固定という区別があります。流動負債は、仕入れにかかる金銭債務である買掛金や、短期借入金など支払期限が短期（1年以内）にやってくる債務（支払義務）を指します。要するに、すぐにお金を払わないといけないものですね。一方の固

定負債は、長期借入金など支払期限が長期のもので、いますぐには返さなくてもいいお金です。ただし、両者の違いは期限までの長さだけであり、いずれも支払期限が定められている点は同じで、要するに「期日がきたら、きっちりと返さないといけないお金」ということになります。

負債には、買掛金のように業務のなかで自然に発生するものと、銀行からの借入や債券発行に伴う債務など、資金調達を目的に行なう財務活動の一環として生じるものがあります。

これらの負債は、日常の企業経営にとってとても大切な存在であることはもちろんですが、ときに企業の生死を決定する重要な役割も果たします。一般に企業は、たんに業績が悪くなったり、後述する債務超過という状態になったりすることですぐに経営が破綻するわけではなく、負債を期日どおりに支払えないときに経営破綻とみなされます。すなわち、負債の返済能力が企業の命運を握っているということになります。

● 資本

バランスシート右側の下に移りましょう。資本は、事業の出資者が提供してくれたお金、もしくは出資者に帰属すると考えられるお金を示すものですが、負債とは違って支払期限が定められていません。一口に言ってしまえば返済義務のない、すなわち「返さなくてもいいお金」です。株式会社を例にとれば、会社が株を発行して投資家がこれを購入したときに支払う代金、すなわち出資金がこの資本の元になっています。株には、負債である債券とは違って、返済期限である満期というものがありません。ですから、企業には返済義務がないということですね。

資本は、この株式の発行代わり金、つまり出資金のほかに、過去にその企業が得た利益の一部が加わっていきます。企業が事業を行なって利益を上げていくと、負債の額が変わらないとすれば、それは売掛金や現預金といった資産の増加として結果に表れます。この資産の増加は、株主によって提供された資本を使った結果として得られたものですから、この増加分も株主に帰属するものとされ、し

たがって資本を同額増加させることになります。

　ただし、資本に積み上がるのは利益の全額ではありません。企業が利益を得ると、そこから税金を払い、さらに一部を株主に配当として支払い、役員賞与などもここから支払います。これら外部に流出した残りの部分が資本として積み上がるのです。利益のうち、この資本に加わる部分を内部留保と呼んでいます。

　ちなみに、「企業が内部留保を積み上げてばかりいて、雇用や設備投資に使わないからデフレ（物価の下落）圧力が弱まらない。ならば内部留保に課税してしまえ」などという議論が聞かれることがありますが、これはまったくの見当違いです。

　内部留保は利益剰余金や各種準備金という形で資本を構成する一部になりますが、これは要するに過去に稼いだ利益を将来の事業の元手にすることを意味しています。内部留保を積み上げて、それを元手に積極的に雇用や設備投資を拡大している企業はいくらでもあります。問題となっているのは日本企業が現金をため込んで雇用や設備投資の拡大に積極的でないことですが、それはバランスシートの左側の話で、資産を有効に使えていないという問題です＊。

　それにもかかわらず内部留保に一律に課税すれば、いま内部留保を事業に振り向けている企業もその分を元手として使うことをやめ、結果として雇用にも設備投資にも悪影響を及ぼすだけでしょう。金融リテラシーが欠けたままに政策論議をしていくと、おかしな方向に行ってしまう典型例といえます。

　さて、株式会社においては、前述のとおり資本は株主に帰属するもの、すなわち株主の持ち分とされます。先に述べたように返済期日がないので、株主がこの持ち分の支払いを請求することはできま

＊ もし本当に資金の使い道がないのであれば、得た利益を内部留保にするのではなく、配当という形で株主に還元することが望ましいとはいえます。ただ、ほかにも自社株買いなどの使い方も考えられ、何が最も適切かは一概には決められません。なお、配当や自社株買いなどの株主還元策については第3章で説明します。いずれにしても、利益のうちどれくらいを内部留保すべきかは財務戦略によって決まるべきものであり、内部留保が多いから経済に悪影響があるというような一面的な議論は成り立ちません。

せんが、誰のものかといえば株主のものなのです。そのため、資本は株式会社においては、株主資本とも呼ばれます。また資本は、会計上では、「資産－負債」に相当する**純資産**に該当します。

　経営上の観点からすると、資本は、リスクのある事業に投下できるお金、要するに、言い方はあまりよくないのですが、事業に失敗して失っても大丈夫なお金という意味合いを持ちます。

　事業に失敗して損失が生まれれば、利益のときとは逆で、その分資本は減少します。株主にとっては望ましからぬ結果ですが、資本には返済義務がないので、その資本が失われたからといって会社の経営が即座に破綻するわけではありません。そのため、損失発生の可能性を適切にコントロールするために行なうリスク管理業務では、資本を「将来発生するかもしれない損失のバッファー」と位置付けます。

　なお、資本を上回る損失が発生すると、資本はマイナスに転じます。バランスシート全体でみると、資産が減少して負債の額を下回り、純資産がマイナスとなります。この状態を債務超過といいます。債務超過は直ちに企業の破綻を意味するわけではありませんが、そのままの状態が続けば負債の返済がおぼつかなくなる可能性が高く、破綻の危険が非常に高い状態といえます。ですから、常に損失の発生が資本の範囲内に収まるように事業を運営していけば、債務超過を回避でき、経営破綻のリスクを低減することができるわけです。これがリスク管理業務における基本的な考え方です。

　もっともそれは、資本が「好き勝手に使えるお金」ということを意味しているわけではありません。たしかに資本は損失のバッファーになりますが、株主は別に損失のバッファーにしてもらうために資本を提供しているのではなく、投資利益を上げるために提供しています。ですから、その期待に応えられなければ、経営者は株主総会などで厳しく責任を追及されたりすることになります。

　利益の配分という観点からも、資本の負債との違いをみておきましょう。負債は、利息を含めてあらかじめ決められた条件に則って金額を支払うものです。事業で損失が生じても、負債は必ず支払わなければなりません。そのかわり、事業で利益が生まれた場合にも、

あらかじめ決められた以上の金額を支払う必要はありません。

　一方の資本は、事業活動の成果が直接反映されます。原則として、損が出れば資本が減り、利益が出れば資本が増えるのです。

　負債と資本にはこのように、返済義務（返済期限）があるのかないのかという点に加え、損益をそのまま反映するのかしないのか、という点でも大きな違いがあります。

●負債と資本の調達手段

　企業は、事業資金が一時的に不足したり、大きな設備投資や企業買収をしたりするときに、新たな資金調達をします。資金調達には、負債による方法と資本による方法があります。負債による資金調達の主なものは、銀行借入と社債発行です。また、資本による資金調達は、株式会社の場合、株式を発行することにより行なわれます。以下、それぞれの概要を簡単にみていきましょう。

・銀行借入

　銀行借入（銀行にとっては貸出または融資）は、日本では最も一般的で、よく利用される資金調達手段でしょう。

　次に述べる社債発行や株式発行は、基本的に大企業向けの資金調達手段で、中堅中小企業にとっては銀行借入のほうがアクセスしやすいものとなっています。日本では、中堅中小企業のウェートが高いことが、金融においても銀行借入が大きな比重を占める要因となっています。

　銀行借入には、いくつかの特徴があります。まず、いま触れましたが、社債発行や株式発行には縁遠い中堅中小企業でも、比較的アクセスしやすく、少額から機動的に借りられるという点です。ただし、銀行は貸したお金が返ってきそうか十分な審査を行ない、その評価に基づいて貸し出します。したがって、「少額から機動的に」とはいっても、手間暇や時間はある程度かかりますし、金額的にも、第8章で紹介するフィンテックを使ったレンディング・サービスなどに比べると、ある程度はまとまった金額を借り入れるのが普通となります。

銀行は一般に安全志向が強く、しっかりとした経営の実績がないとなかなか貸出に応じてくれない場合が多いでしょう。また貸出に応じた場合でも、担保の拠出や経営者の個人保証を求めることが多々あります。担保は、不動産の権利や有価証券、あるいは預金などを銀行に差し入れて、借入金が返済できなくなったときに銀行がそれを使って資金回収に充てられるようにするためのものです。こうした安全志向の強い銀行借入が企業の資金調達の主要手段となっている日本では、新興企業がなかなか資金調達できず、それが日本で新興企業が育ちにくい要因の一つにもなっています。

また、銀行借入は一般的に返済までの期間が比較的短いものが多く、設備投資資金や長期的なプロジェクト資金というよりも、どちらかといえば日常的な運転資金の調達に適しています。もちろん、企業の信用力やプロジェクトの内容次第で長期の借入を行なうことは可能です。

● 社債発行

債券は、譲渡可能な一種の借用証書のようなものです。そのうち社債は、文字どおり、会社（企業）が発行する債券のことです。事業債と呼ばれることもあります。

債券の詳細については第4章でみていきますが、一般の債券では、借金の返済期限や支払金利などの発行条件をあらかじめ決めたうえで投資家を募り、債券をその投資家に販売することで資金を調達します。債券の投資家は発行企業にお金を貸しつけているのと同じで、債権者の立場になりますが、その権利を表す債券はその後、他の投資家に自由に転売することができます。転売されると、債権者としての地位は、債券とともに投資家のあいだを移動していくことになります。

債券発行は、大勢の投資家を集めることで大きな金額を調達することが可能になる手段です。また、一般的に債券の返済までの期間は長期になることが多く、したがって大規模な設備投資資金や企業の買収資金などの調達に適しています。

その一方で、大勢の投資家から多額のお金を集めるためには知名

度や信用力の高さが必要で、一般的には大企業に適した資金調達手段といえます。

• 株式発行

株式は、第3章で詳しくみていきますが、株式会社の出資証券です。株式会社がこれを発行し、投資家が購入することで、その資金が企業にとって返済義務のない資本となります。一方で、株式を購入した投資家は株主となり、配当受取りの権利や株主総会での議決権などを得ます。

株式発行には、特定の誰かに株を購入してもらう**割当増資**と、不特定多数の投資家に株を販売する**公募増資**があります。公募増資が行なわれるのは、基本的には、東京証券取引所などの取引所で株式売買を認められた**上場企業**の場合です。

新規に発行された後の株式は、社債と同じく、投資家のあいだで売買され、それに伴って株主の権利も投資家間を移動していきますが、この投資家間の売買が活発に行なわれているのも上場企業の場合です。

つまり、上場企業になると、公募増資で幅広い投資家から資本を調達することができ、その代わりに、不特定多数の投資家が株主となって、経営を厳しく監視されるようになっていきます。

SECTION 2-3

PL（損益計算書）

●資産負債の増減が利益になる

　PL は、Profit and Loss statement の略称で、やはり重要な財務諸表の一つである損益計算書のことです。

　製造業の場合、部品や原材料を仕入れてきて、それを加工して製品とし、販売することで売上が立ちます。売上から、部品や原材料の仕入コストを引いたものが売上総利益、一般に粗利（あらり）または粗利益（そりえき）と呼ばれるものです。ここから、従業員の給料やさまざまな管理費用（販売および一般管理費）を引くと、営業活動による利益の額が計算できます。これが営業利益です。

　この営業利益に、子会社からの受取配当や借入金の支払金利など財務上の損益を加減したものが経常利益で、さらに使用しなくなった社宅の売却益や、投資用資産の評価減などで生じた損失など、経常的な企業活動以外で生じた特別損益を加減して税引前当期利益となります。さらに、法人税等の支払後に残ったものが最終的な当期純利益です。残念ながら利益はマイナスなることもあり、その場合にはそれぞれ「〜損失」となります。

　ところで、一連の企業活動は、必ず資産や負債の増減という形につながります。売上が発生すれば、販売した製品在庫（資産）などが減り、代わりにその代金を受け取る権利に当たる売掛金（資産）が立ち、最終的にこれが現預金（資産）に振り替わります。部品を購入すれば、その部品が資産になる一方、支払債務として買掛金（負債）が計上され、やがてそれが現預金（資産）の減少という形に振り替わります。

　そうして、すべての資産負債の増減を足し上げていって最後に残った帳尻が当期純損益に一致します。つまり当期純損益は、

当期中の資産の増加額（資産が減少する場合はマイナス）

－　負債の増加額（負債が減少する場合はプラス）

と等しくなります。

　ものすごく簡単な例を挙げれば、100円で手に入れた資産を110円で売ったとして、その資産は入ってきて出ていくだけなので残高としては残らず、最終的に残るのは現預金が10円増えたという結果です。この10円の資産増加額が利益になります。

●同じものを違う視点でみている

　さて、バランスシートでは左側と右側が常に等しくなるということでしたが、この場合、バランスシートの左側で資産が10円増え、バランスシートの右側では資産から負債を引いた純資産が10円分増えることによって、必ず左右が一致します。

図表6 ● PL (損益計算書) のイメージ

収入 (A)	費用 (B)	利益 (A-B)
売上	売上原価 (仕入コスト等)	売上総利益
	販売費・一般管理費	営業利益
営業外損益 (財務収支等)		経常利益
特別損益		税引前当期利益
	法人税等	当期純利益

↓	↓	
資産の増加 負債の減少	資産の減少 負債の増加	＝純資産の増加

まとめると、損益と純資産（資本）の増減には、

当期純損益　＝　純資産の増減額（＝資本の増減額）

という関係が成り立ちます。

　この関係式のうち、左側の当期中の純損益の詳細を示したものがPL で、右側の増減した後の当期末の純資産（資本）残高を示すのがバランスシートですから、結局、両者は同じものを違う視点からみていることになります。言い換えると、PL は企業をフローでみたものであり、バランスシートは企業をストックでみたものです。両者は、視点を変えて企業活動をとらえるものであり、相互に密接に関連していて、2 つで 1 つのものとなっているのです（前ページ**図表 6**）。

SECTION 2−4
財務戦略の基本
── 財務の健全性と資本に対する利益率

●財務の健全性をみる指標

　財務戦略の基本は、ここまで簡単に述べてきたバランスシートの左側（資産）と右側（負債・資本）の最適なバランスを保つことにあります。基本的なポイントを簡単にまとめておきます。

・流動資産と流動負債

　まず流動資産と流動負債の関係についてみてみましょう。買掛金や短期借入金などの流動負債は、円滑な企業活動にはどうしても必要なものですが、期日がすぐにやってきて、しかも負債だから必ず支払わなければなりません。ですから流動負債は、その支払資金に困らないように常に気を配っておく必要があります。一方、流動資産はすぐに回収が見込まれたり、現金化が容易だったりするものですから、流動負債の額を流動資産の額の範囲内に抑えておけば、支払資金の手当てが容易になります。

・固定資産

　次に、工場や設備などの固定資産は、そのものが生産活動に必要なものですから、途中で売却して現金化することを想定していませんし、売ろうとしても容易に売れないものも多いでしょう。ですから、固定資産を賄う方法も、すぐには返済しなくてもよい長期借入金（固定負債）や、できれば資本によることが望ましいとされます。

・財務の健全性

　次に、バランスシートの右側のなかで負債と資本の比率にも注意を払う必要があります。

　負債は期日が来たら絶対に払わなくてはならないものですから、

この負債がバランスシートの右側に占める比率が過大になると、いつも資金繰りに追われ、場合によっては期日どおりに支払えなくなる可能性が高まります。負債を支払えなくなると経営破綻に直結しますから、負債の比率が増えればそれだけ破綻の危険性が増大し、財務の健全性が損なわれることになります。逆に負債の比率が小さくて、資本の比率が高ければ、負債の返済ができなくなって経営破綻に陥る可能性が低くなるので、財務の健全性が増します。

こうした財務の健全性を測る主な指標として、**自己資本比率**と**デット・エクイティ・レシオ**（**DE レシオ**）があります。自己資本比率は、

　　資本　÷　資産（＝負債＋資本）

で求められる比率です。返済義務のない資本でどれだけ資産を賄っているのかを示しています。DE レシオは、

　　有利子負債　÷　資本

で求められます。有利子負債とは文字どおり利息付きの負債で、要は借入と考えてください。ですから DE レシオは、借入への依存度を返済義務のない資本との対比で表す指標となります。

一般に、自己資本比率が高ければ高いほど、DE レシオが低ければ低いほど、損失負担力が大きく、財務の健全性が高いと評価されます。数値については、業種やビジネスモデル、事業規模などで適正な水準が変わるため単純な比較はできないのですが、ざっくりと自己資本比率 50％以上、DE レシオ 1 倍以下というのが健全性判断の一応の目安とされることが多いようです。

●収益性を評価する指標

財務の健全性が重要である一方で、企業は収益性も高める必要があります。収益性を評価する指標には以下のように、いくつかのものがあります。

- 売上高利益率

  売上に対する利益の比率で、製品やサービスをいかに高い価格で販売できているかを示す。利益に何を用いるかは目的に応じるが、売上総利益や営業利益が用いられることが多い。

- 資産利益率

  資産総額に対する利益の比率で、資産をいかに有効に活用して利益を上げているかを示す。ROA（Return on Assets）と表記される。利益に何を用いるかは目的に応じるが、当期純利益が用いられることが多い。

- 資本利益率

  資本に対する利益の比率で、出資者（株主）が提供した資本に対して十分な利益を上げているかを示す。ROE（Return on Equity）と表記される。利益には一般に当期純利益を用いる。

　これらはいずれも重要な指標ですが、財務戦略ということでいえば、資本の提供者が満足するだけの利益を上げなければならず、したがって一定以上の資本利益率を実現することが大きな目標になるはずです。

　もし十分な資本利益率を実現できなければ、既存の資本提供者は満足せず、新たな資本調達が必要になったときに資本の提供者を募ることがむずかしくなるでしょう。そうなってしまえば今後の財務戦略に大きな制約を受けることになります。

　そして、この資本利益率を高めるために、負債の活用が大きな効果を持っているのです。

　たとえば、資産規模が100億円で、資産に対する利益の割合（資産利益率）が10％、すなわち利益額が10億円の会社があるとします。税金はとりあえず無視しておきます。最初に、ちょっと極端な仮定ですが、この会社には負債がなく、すべて資本で賄われているとすると、資本は100億円ということになりますから、資本に対する利益率も10％です。

　次に、事業内容はまったく同じで、資本が50億円で、残り50億円を借入で調達しているケースを想定します。借入金利は3％と

図表7 ● 財務レバレッジと資本利益率

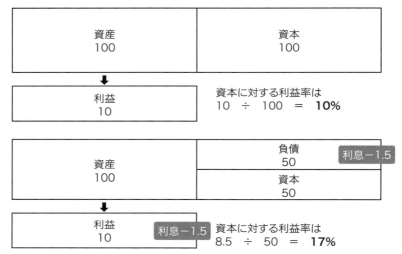

同じ事業内容でも、負債を取り入れることで資本利益率は高くなる。

※この数値例では、法人税を無視している。

しておきましょう。今度は借入金が50億円ありますから、その3％、すなわち1.5億円分の利払費用が発生し、利益は8.5億円に減ります。資本は50億円だったので、8.5億を50億で割ると資本利益率は17％になります（**図表7**）。まったく同じ事業内容で、金利支払前の利益でみれば資産利益率も同じなのですが、負債を利用することによって資本利益率は高めることができたわけです。これを**財務レバレッジ効果**といいます。

　ちなみに財務レバレッジは、資産の額を資本の額で割った倍率のことです。上記の例では最初のケースが1倍で、次のケースが2倍ということですね。資本利益率は10％から17％に増えたわけですが、これは最初のケースの10％にレバレッジの増加倍率2をかけて、支払利息1.5億円の資本に対する比率を差し引くと求めることができます。実際には利益に法人税がかかるので、上記の計算例に「1－法人実効税率」をかけたものが最終的な資本利益率になりますが、話の大筋は変わりません。

●負債と資本の調達コスト

次に、負債と資本の調達コストについても考えなければいけません。負債は、買掛金のように利息が付かないものと、借入金のような有利子負債に分かれます。有利子負債については、その支払利息が調達コストとなります（厳密には、法人税率も考慮しなければなりませんが、その点については後述します）。

一方、資本のほうはどう考えればいいでしょうか。資本には利息が付きません。その代わり、利益を株主に還元するために配当が支払われます。これが資本の調達コストでしょうか。

結論からいうと、配当は資本の調達コストの一部ではありますが、全部ではありません。配当はいくら払わないといけないという法的な義務がありません。利益が出ていても配当を支払わないケースもあります。では、それで投資家が満足するかというと、投資家は配当だけをみているのではなく、トータルでみたときの投資リターンが期待どおりであれば満足すると考えられます。

株式投資で得られるリターンには、配当と値上がり益（値下がり損の場合もある）の2種類があります。両者を足したものを、株式の**トータル・リターン**といいます。仮に配当が支払われなくても、株価が値上がりすればトータル・リターンは十分に得られるのです。

つまり、資本を調達した分に対しては、投資家に十分なトータル・リターンを提供することで、株式発行企業としての務めを果たしているということができるわけです。

もっとも、株価が値上がりするかどうかは、企業業績に関係のない株式市場特有の要因などで決まる部分もあり、一企業ですべてをコントロールできるものではありません。企業としてできることは結局、株主の持ち分である資本を活用して十分な利益を上げるというところまでです。その利益から一部を配当として支払い、残りは内部留保として資本の増加に結びつけます。実際にそれで株価が上がるかどうかは別問題なのですが、そこまでが企業の責任範囲ということですね。

結局のところ、配当を支払うにしろ、内部留保で資本を増加させて理論上の株主の持ち分を増やすにしろ、もともとの資本に対して

どれだけの利益を生み出せているか、つまり資本利益率にかかっているといえます。

この資本利益率は先にも触れましたが、一般に税引後の当期純利益を資本で割った値として求められ、**ROE** (Return on Equity) と呼ばれています。つまり、企業は一定の ROE を達成することで、株主に対する責任を初めて果たしているといえます。もし、この責任を果たせていない場合は、株価の下落や、株主総会で株主の支持を得られないといった事態に結びつく可能性が高くなります。

こうしたことから、株主の要求するリターン水準を ROE で実現することが会社の目標であるべきであり、その投資家の要求リターンこそが資本の調達コストであると考えるのです。もっとも、この投資家の要求リターンが具体的に何%なのか、正確にはわかりません。そこで何らかの手法で推定するよりほかにないのですが、ここではその手法にまでは立ち入りません。一般的には、8%という数字が一つのメルクマールとして意識されています。

さて、有利子負債と資本（狭義）の調達コストを加重平均したものを**加重平均資本コスト** (WACC、Weighted Average Capital Cost) といいます。ここで、加重平均資本コストの"資本"は、狭義の資本に有利子負債を合わせたものとしてやや広い意味で使われています。一般に資本（狭義）の調達コストは有利子負債の調達コストよりも高いことが多いため、WACC を適切な水準に保つためにも、有利子負債をうまく活用することが求められます。

ここまでの話をまとめると、財務の健全性を維持しつつ、一定以上の ROE を実現し、有利子負債と資本の調達コストを適正に保つ、ということをバランスよく達成するのが財務戦略の目標ということになります。

なお、負債と資本の比較では、以上の点に加え、税務上の取扱いが異なることにも注意が必要です。負債に対して支払う利息は、税務上の利益を計算する際に費用として扱われます。たとえば、利息控除前の利益が 10 億円あり、支払利息が 1.5 億円あったとすると、利息控除後の 8.5 億円に対して法人税がかかります。つまり、支払利息分は税金が節約できることになるので、その節約分を考慮した

実質的な借入コストは、

　　支払利率　×（1－法人実効税率）

となります。
　これに対して、株主に対する配当は、税金を支払った後の当期純利益から支払われます。内部留保として株主持ち分が増えるのも、あくまでも税引後ベースです。したがって、支払利息のように税金を節約できるというメリットがないので、資本の調達コストのほうは税率を考慮しないで計算することになります。

SECTION 2-5

キャッシュフローの重要性

●「利益は意見であり、キャッシュは現実である」

　財務諸表のなかで、バランスシート、PLとともに重要なものとされるのが、キャッシュフロー計算書です。**キャッシュフロー**とは、文字どおり"お金の流れ"という意味ですね。キャッシュフローの大きさは、企業の「現金を生み出す力」を表すものになります。

　実は、利益というものは必ずしも絶対的、確定的なものではありません。何を利益として認識するかということには判断が入る部分が少なからずあり、利益として計上したけど、それに見合うお金が実際には入ってきていない、もしくは将来、本当にその金額のお金が入ってくるかどうかわからないということはいくらでも発生します。これに対してキャッシュ、すなわちお金は、解釈によらない現実の存在です。ですから、「利益は意見であり、キャッシュは現実である」などという言い方もあります。

　また、企業の経営破綻は先に述べたように、負債を返済できないときに発生します。利益がなくなるときではありません。利益は上がっているのにお金がなくて倒産する"黒字倒産"もよくあります。

　そこで、このキャッシュフローを重視して経営しようとするのが**キャッシュフロー経営**と呼ばれるものです。キャッシュフロー経営の実例は後で紹介するとして、キャッシュフローの概要について簡単にみてみましょう。

　キャッシュフローには、営業活動から発生する営業キャッシュフロー、設備投資や他企業の合併・買収などに投じたり、それを回収したりする投資キャッシュフロー、お金の貸し借りなどで生じる財務キャッシュフローがあります。たとえば、営業活動で得たお金を投資に振り向けると、営業キャッシュフローがプラスで、投資キャッシュフローがマイナスになります。投資キャッシュフローの出を

営業キャッシュフローの入りでカバーできないときは、お金を借りてくることになるので財務キャッシュフローがプラスとなって不足分を補います。

なお、営業キャッシュフローと投資キャッシュフローを足したものをフリーキャッシュフローといいます。フリーキャッシュフローがプラスだと、お金が積み上がり、借金の返済などに回せるため、財務は健全化に向かいます。逆にフリーキャッシュフローがマイナスだと、借金を増やしていかなければいけなくなり、財務の健全性が悪化していきます。

利益との比較でいうと、キャッシュフローの大きな違いは、設備投資や固定資産の減価償却という部分に現れます。設備投資そのものは利益や損失になりませんが、キャッシュフローの流出を伴います。次の減価償却とは、たとえば工場や機械設備などが使用に伴って経年劣化していく分を費用として利益の計算から差し引くものです。利益はその分減りますが、これはあくまでも計算上のことなので、お金の流れは発生せず、キャッシュフローは減りません。

図表8 ● キャッシュフローの主な項目例

●営業キャッシュフロー
　＋利益
　＋減価償却
　－売掛金の増加
　＋買掛金の増加
　－税金の支払い等

●投資キャッシュフロー
　＋固定資産の売却
　－固定資産の取得

｝ フリーキャッシュフロー

●財務キャッシュフロー
　＋銀行借入
　＋社債発行
　＋株式発行
　－銀行借入利払、返済
　－社債利払、返済
　－配当支払

※実際のキャッシュフローの計算にはいくつかの方法があります。

また、買掛金や在庫など流動資産においても、それらがより短期で現預金として回収できていればキャッシュフローの増加に貢献します。逆に流動負債に関しては、少しでも返済期限を先延ばしにすれば、現預金の流出を遅らせることができるので、やはりキャッシュフローの増加に貢献します。このように利益の増減だけでは把握することができないキャッシュフローの増減という観点を経営に取り入れるのがキャッシュフロー経営ということになります（前ジ**図表**8）。

●キャッシュフロー経営の実例——アマゾンとキーエンス

　ここでまず、前章でもご紹介したアマゾンに再登場してもらいましょう。

　アマゾンは、利益の水準にはあまりこだわらない一方で、キャッシュフロー経営を徹底している会社としても有名です。アマゾンは、通常の事業活動でも十分な利益を上げていますが、さらに流動資産の回収サイクルを可能な限り短縮し、一方で流動負債の返済サイクルを可能な限り伸ばして、少しでも多くの営業キャッシュフローを生み出すようにしています。そして、それを使って倉庫の自動化や物流網の整備、あるいはクラウドサービスの強化など巨額の設備投資を恒常的に行なっているのです。設備投資には減価償却がつきもので、あまり設備投資をし過ぎると利益はその分伸びにくくなりますが、減価償却ではキャッシュフローは減らないということでしたね。

　アマゾンは、積極果敢な投資でライバルを圧倒し、圧倒的なシェアを得ている会社ですが、その投資を賄うために、前章で述べた金融市場からの資金調達に加え、キャッシュフロー経営の徹底によって生み出された豊富なキャッシュも利用しているのです。

　さて、一般にはアマゾンのような経営スタイルがキャッシュフロー経営のお手本とされていますが、なかにはそうした常識を逆手に取ったユニークなキャッシュフロー経営をしている会社もあります。その代表事例が、センサーや自動制御機器などのメーカーであるキーエンスです。

キーエンスは産業用メーカーなので一般にはなじみの薄い会社ですが、株式市場では知らない投資家のいない超優良企業です。社員1人当たりの平均年収が2000万円を超える超高給企業としても知られており、しばしばマスコミにも取り上げられています。

キーエンスは、財務上もいくつかの際立った特徴があります。まず、売上高もしくは資産に対する利益率がとにかく高く、また自己資本比率も非常に高くて実質的な無借金会社です。自己資本比率が高すぎるとROEが低くなるという話がありましたが、キーエンスは売上高利益率や資産利益率が非常に高いので、負債を併用しなくても十分に高いROEを実現できているわけです。

さて、キーエンスは本業で稼ぐ力が強く、営業キャッシュフローも潤沢ですが、その豊富なお金を使って、一般的なキャッシュフロー経営とは逆のことを行なっています。アマゾンのところでもみましたが、キャッシュフローを改善するには、流動資産の回収期間を短縮し、流動負債の返済期間を延ばすことが有効でした。しかしキーエンスは、逆に販売先への売掛金などの回収期間を長めにする一方で、納入業者への買掛金の支払期間を短くしているのです。いずれも販売先や納入業者にとっては大変ありがたい措置です。

高い収益力を背景に生まれた豊富なキャッシュフローを活用し、取引相手の資金繰りに配慮してこのような便宜を図ることで、安定した取引基盤を維持し、強い価格競争力を生み出しているのです。そしてそれが、収益力の高さにつながり、豊富なキャッシュフローを生む要因になります。すべてがうまく循環しているわけですね。

キーエンスの競争力の高さにはもちろん他の多くの要因が関係しているのですが、キャッシュフローもまたその武器の一つとして有効に活用しています。

キーエンスの事例でわかるのは、一口にキャッシュフロー経営といっても、何か決められたやり方を守るということではなく、"お金の流れ"を軸にビジネスの在り方を考えるということです。キーエンスのやり方は、教科書的なキャッシュフロー経営とは真逆ですが、自社の強みを生かした形で独自につくり上げた見事なキャッシュフロー経営の一例といえるでしょう。

SECTION 2-6

プロジェクト・ファイナンスと
アセット・ファイナンス

●特定の事業を対象とした金融の形態

　ここまでみてきた企業金融（コーポレート・ファイナンス）は、企業が主語となるものです。企業がお金を借り、企業が出資金を受け入れます。ですから、企業が責任をもって借金を返済し、株主に対する責任も企業が果たします。これに対して、企業ではなく、その企業が行なっている事業だとか、保有している資産を対象に行なわれる金融の形態があります。

　たとえば、ある企業が行なう特定の事業に対して出資や融資が行なわれ、企業自体が責任を持つのではなく、その対象となる事業が生み出すキャッシュフローのみによって、借入の返済や出資金に対する配当が行なわれるという形態のものです。これは、**プロジェクト・ファイナンス**と呼ばれています。資源開発や発電設備の建設、空港や鉄道などインフラ投資事業など大規模なプロジェクトでよく使われる手法です。

　たとえば、このプロジェクト・ファイナンスで融資を行なう銀行は、特定の企業のリスクを負うことなく、純粋にそのプロジェクトの採算性だけを判断して融資することができます。それと裏腹ではありますが、仮にそのプロジェクトが失敗した場合には、企業に対してその返済を求めることができません。プロジェクトのキャッシュフローが尽きれば、それでおしまいです。

　こうした融資の形態を、**ノンリコース・ローン**と呼んでいます。リコースとは、日本語だと"遡及"を表し、対象となる事業が失敗した場合でも、それを行なう企業に融資の返済を請求することができることを意味します。普通の融資はこの形態です。プロジェクト・ファイナンスで行なわれる融資は、その"遡及"権がないという意味で、ノンリコース（非遡及型）と呼ばれています。

●特定の資産を対象とした金融の形態

プロジェクト・ファイナンスと似た形態で、**アセット・ファイナンス**というものもあります。こちらは特定の"資産"を対象に行なうファイナンスの形態です。

このアセット・ファイナンスでは、たとえば企業が保有する金銭債権や賃貸不動産などを対象に投融資が行なわれます。対象となる債権の回収金や不動産の賃貸収入がその返済の原資となります。仮に企業が倒産などしても、対象となっている資産が健全であれば、資金提供者はその倒産の影響を受けずに済みます。そのかわり、債権回収ができなくなったり、不動産の賃料収入が大きく減少して返済原資がなくなったりしても、企業に遡及して返済を請求することはできません。やはりノンリコースとなっているのです。

プロジェクト・ファイナンスやアセット・ファイナンスは、資金を提供する側にも、調達する側にも、どちらにもメリットがあります。

まず、資金の提供者側では、すでに述べたように、特定企業のリスクを負わずに、対象となるプロジェクトや資産の採算性に関するリスクだけを負えばいいことになります。

一方、企業の側からすると、有望なプロジェクトや質の高い資産があった場合に、プロジェクト・ファイナンスやアセット・ファイナンスを活用することで、自社の信用力で資金を調達するよりはるかに低コストで効率よく資金を集めることができる場合があります。また、大きなプロジェクトの場合、自社のリスクでそれを行なえば、失敗したときに大きなダメージを受けることになります。ここでプロジェクト・ファイナンスを活用すれば、そのプロジェクトのリスクを自社から切り離すことができます。

プロジェクト・ファイナンスとアセット・ファイナンスは、伝統的なコーポレート・ファイナンスを補うものであり、これらをうまく組み合わせることで、ファイナンスの幅も大きく広がることになります。ちなみに、これらのノンリコース型ファイナンスに多くの投資家を巻き込む形で仕組みがつくられるものが証券化と呼ばれているものです。この証券化については、第8章で取り上げます。

COLUMN

銀行とインベストメント・バンク

　銀行は、預金者から預金を受け入れて、それを原資に融資を行ないます。このように、銀行という仲介者が間に入ることで、資金の提供者である預金者のお金が、資金の需要者である企業等に流れていく仕組みを**間接金融**と呼んでいます。銀行は、間接金融のかなめとなる存在です。

　これに対して、債券発行や株式発行は**直接金融**と呼ばれます。債券や株の発行・売買は証券会社がアレンジャーもしくは仲介者となりますが、上記の銀行とは違って、証券会社の役割はたんに取引をつなぐだけです。資金提供者である投資家のお金は、資金需要者である企業等に直接流れていきます。

　お金の流れにもまして重要なのは、誰がリスクを負っているかという点です。銀行が預金を原資にA社に融資するとします。そのA社が破綻し、融資が焦げ付いてしまったときに誰が損失を被るかというと、基本的にそれは銀行だけで、預金者には損失が及びません。もちろん融資の焦げ付きがかさんで銀行の経営が破綻してしまえば預金者にも影響は及びますが、預金者が負っているのはあくまでも預金を預けている銀行のリスクだけで、融資先のリスクは直接負いません。これが間接金融の基本的特徴です。お金の流れは預金者から銀行を経て企業等に流れていきますが、銀行のところでリスクは途切れているのです。

　これに対して、直接金融では、債券や株の発行企業が破綻したりしたときに損失を被るのは投資家であって、仲介者の証券会社ではありません。

　ちなみに、直接金融と間接金融の中間的な形態の金融もあります。投資信託などのファンドがそうですね。お金の流れでいうと、投資家のお金がファンドに入り、それを運用会社が指示して運用していきます。資金の仲介者がいるということになります。一方で、投資に伴うリスクは資金を提供した投資家が負います。資金の流れでみたら間接金融で、リスクの側面からみたら直接金融という形になっています。

　さて、直接金融において債券や株式の発行をアレンジし、投資家との仲介を行なう業者は、日本では証券会社ですが、米国ではインベストメント・バンク（投資銀行）と呼ばれます。業態としては証券会社なのですが、米国ではこちらも

バンク（銀行）という名で呼ばれているわけです。というよりも、米国でバンク
とかバンカーというと、むしろこちらの投資銀行もしくは投資銀行家を指す場
合が多いようです。なぜならば米国は直接金融が金融の中心を占めている国で、
それを司るのがインベストメント・バンクだからです。さらに、インベストメ
ント・バンクは、証券化やデリバティブといった高度な専門的分野でも主役を
張っています。これに対して、預金を受け入れて融資を行なう普通の銀行は、
コマーシャル・バンク（商業銀行）と呼ばれます。

　世界に名だたるニューヨークのウォール街はインベストメント・バンカーの
街です。彼らは、サラリーマンといえばサラリーマンなのですが、一般のサラ
リーマンでは考えられないほどの高給取りで、スタープレイヤーになると大リ
ーグのスター選手顔負けの巨額報酬を手にします。

　ただし、2008年のリーマンショックは、まさに彼らインベストメント・バン
カーたちが引き起こした金融危機だったといえます。そのため、その桁外れ
の報酬も相まって、近年では厳しい批判の目を向けられることが多くなってい
ます。2011～2012年に起きた「ウォール街を占拠せよ」という大規模なデ
モ運動はその象徴です。

　また、リーマンショックを経て金融業界ではさまざまな規制がかけられるよ
うになっています。これらの規制はリーマンショックのような危機を二度と引
き起こさないように導入されたものですが、何をするにも手間暇やコストがか
かるようになり、一部では過剰規制との見方もあります。こうしたことから、
インベストメント・バンクもかつてのような高収益を上げることがむずかしく
なっており、大きな時代の逆風にさらされているといってもいいでしょう。

　インベストメント・バンクは、かつて米国でも最も高学歴で優秀な人材の就
職先として一番人気だった業種ですが、そうした逆風もあって、近年ではグー
グルやフェイスブックなどのテクノロジー大手にその地位を譲りつつあるよう
です。

第 3 章
株式市場

ここからは、代表的な金融商品とその取引市場について
順番にみていくことにしましょう。
まずは、ニュースなどでもよく取り上げられ、
投資家の運用手段としても有力な株式からです。

第3章 株式市場

SECTION 3-1
株式市場の概要

●上場企業になれば多くの人に広く取引される

　株式（share、stock、またはequity）＊については、これまでも何度か登場してきましたが、あらためて株式とは何かというと、株式会社の出資者（株主）の権利、またはそれを表章する証券（有価証券）のことです。たんに株という場合もありますし、具体的に売買する対象として呼ぶ場合には株券といったりもします。もともとは紙に印刷された"券"が実際にあり、だから株"券"だったのですが、いまではすべて電子化され、電子データ上で権利の移動が管理されています。ただ、名称だけは昔の呼び方が残っているということですね。

　株式には、上場という制度があります。必ずしもこれは株式に限ったものではないのですが、大勢の参加者が集まって取引をする取引所での取引が認められることを"上場する"といい、上場した株式は上場株もしくは上場企業と呼ばれて、広く取引される対象となります。いわば取引所の取引可能リストに登録されるイメージです。

　日本で株式が上場されている取引所は、東京、名古屋、福岡、札幌にありますが、このうち東京にある**東京証券取引所**（東証）が圧倒的なシェアを有しています。ちなみに、かつては東証に次ぐ存在として大阪証券取引所（大証）があったのですが、現在では東証と同じ日本取引所（JPX）グループに属し、デリバティブ専門の大阪取引所に改組されています。

　なお、東証のなかにはいくつかの市場区分が設けられており、市

＊shareは具体的に売買する対象としての株式（もしくは株券）を指すときに使われ、より一般的、包括的な意味合いの場合はstockが用いられます。最後のequityは、バランスシート上の資本に相当するもので、日本語の「株主資本」に近い言葉です。

場第一部（一般に東証一部といわれる）、市場第二部、マザーズ、ジャスダックなどがあります。このうち、日本を代表する大企業が多く上場するのが東証一部です。

　取引所は、いちいち取引相手を探して取引するのではなく、大勢の投資家が一堂に会して（といっても、後述するように、実際に顔を合わせるわけではありませんが）、一斉に取引を行なうための制度です。ただし、取引所に直接アクセスして売買に参加できるのは、取引所の会員となっている証券会社などだけです。取引所に直接注文を出すことができない一般投資家は、証券会社に口座を開設し、注文を取り次いでもらうことで取引が可能になります。

　では、上場していない株式、すなわち非上場株式は売買できないのかというと、もちろん取引所では売買できません。それでも取引相手さえみつかれば相対で売買すること自体は可能なのですが、ごく一部を除いてあまり取引は行なわれておらず、一般に株式売買といえば上場株式の売買を指すのが普通です。

●取引はコンピュータ・システムで処理される

　さて、このように主に取引所での上場株取引を中心に株式が売買される"場"を、株式市場と呼んでいます。市場とか場とかいっても、特定の物理的な場所で参加者が顔を合わせて取引しているわけではありません。取引所取引は、まさに取引所で行なわれるわけですが、実際に取引が行なわれるスペースがあるわけではなく＊、すべて取引所のコンピュータ・システムのなかで電子的に処理されています。つまり、この場合の市場とは、あえていえば、取引所内のコンピュータ・システムのことです。

　また、取引所を通さない取引もあり、これを**店頭取引**とかOTC（Over the Counter）取引と呼んでいます。株の場合はそれほど一般的ではありませんが、先ほど触れた非上場株の売買は必然的にこの店

....

＊かつては、取引所内で実際に人が売買する場所があり、立会（たちあい）による取引が行なわれていましたが、東証では1999年に廃止され、電子取引に移行しています。

頭取引の形式で取引されますし、上場株の取引でも、大口投資家同士の取引や、大きな金額の取引などで取引所を介さずに行なわれる取引もあります。この店頭取引は、電話や電子媒体などを通して個別に取引が行なわれるので、物理的実体はさらに乏しく、そうした取引が行なわれる電話やデータの通信網などで形成されるネットワーク全体を漠然と指して市場と呼ぶことになります。

　ちなみに、日本語の"店頭"も、英語の"OTC"も、証券会社などの店先で、まさにカウンター越しに行なわれるというような意味が語源ですが、いまでは当初の意味は失われ、たんに取引所を介さずに取引相手と相対で行なわれる取引全般を指す言葉になっています。

SECTION 3-2

発行市場と流通市場

●IPOとは初回の公募増資・売出のこと

株式市場は、次章で詳しくみていく債券市場とあわせて、長期資本市場（キャピタル・マーケット、capital market）を構成しています。企業にとって、長期の負債や自己資本を調達する場ということです。キャピタルは資本を意味する英語で、同じく資本を意味する言葉としてエクイティというものもあって紛らわしいのですが、狭義の資本を意味するエクイティに対して、キャピタルが意味する資本は長期の固定負債も含めた少し広い意味の資本です。

株式市場は、前項で述べたように、大きく発行市場（プライマリー・マーケット）と流通市場（セカンダリー・マーケット）とに分かれています。ちなみにこの分類は債券市場においても同様です。

発行市場は、企業が株式を新たに発行して、それを投資家が購入する取引が行なわれる場です。まさに企業が自己資本を調達するための取引が行なわれるところですね。

企業が新たに株式を発行する場合には、前章で触れたように、あらかじめ決めた特定の誰かに株を購入してもらう割当増資と、不特定多数の投資家に株を販売する公募増資があります。

なお、発行市場で投資家に販売される株には、企業が新たに発行するもののほかに、既存の株主が保有していたものも含まれます。たとえばベンチャー・キャピタルや創業者が保有していた株を一斉に売却するといったケースです。こうした取引は、増資に対して、売出と呼ばれます。

ただし、売出は企業の資金調達にはなりません。企業にとって新たな資本の調達になるのは新規に株式を発行して投資家に販売するときですから、増資だけがそれにあたります。

公募増資および公募売出は、英語で PO（Public offering）と呼ばれ

図表9 ● 株式の発行市場と流通市場

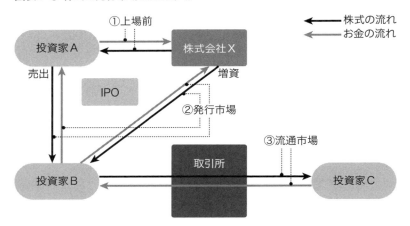

①企業は上場前に創業者やベンチャーキャピタルから出資を受ける。
②企業が上場するとき、発行市場において、新規発行による増資に加え、①の既存株主が保有していた株も発行市場で売りに出される（IPO）。
③その後、取引所経由で株式が投資家間で自由に売買される。この図の投資家Cは、企業Xに直接お金を払っていないが、株式を保有しているため株主となる。

ます。新規上場企業が行なう公募増資・公募売出の場合は、POの頭に"初回の"という意味のInitialをつけるので、**IPO**と呼ばれます。企業が新規に取引所に上場を認められると、その上場に合わせて新たな株を発行し、それをまず発行市場で投資家に販売し、その後に取引所での取引が開始されるのが一般的な上場時のパターンです*（**図表9**）。

●上場にはメリットとデメリットがある

　企業が上場する主要な目的の一つが、幅広い投資家から自己資本を調達するということです。GAFAなどの新興企業が公募増資によって得た巨額の自己資本を使って大きく飛躍したことは第1章でみてきましたね。ですから、新規上場の際に初めての公募増資を行なうのは当たり前ともいえます。

　さて、企業が上場すると、それ以外のさまざまなメリットや、と

＊株式の新規発行（増資）を伴わない上場もあり、直接上場と呼ばれています。

きにデメリットが生まれます。知名度や、企業としての信頼度が上がり、取引先の開拓や社員の採用などに有利に働くというのは大きなメリットの一つです。上場が認められるには社内の組織や意思決定の手順などをきちんとつくり上げる必要があり、未成熟な企業にとっては企業としての土台を固めるきっかけにもなるでしょう。

その一方で、上場の手続きや組織づくりにはかなりの手間暇やコストがかかりますし、さまざまな社内ルールをつくっていくことで、未成熟だったころの柔軟さやバイタリティーが失われてしまうこともあります。

また、上場するということは、多くの投資家に注目を浴び、経営を監視されることを意味し、ときに株式アナリストから厳しい批評を受けたりもします。もっとも、それは受け止めようによっては大きなメリットにもなりえます。第三者の厳しい目にさらされることで、経営に規律がもたらされ、独りよがりに陥ることを防ぎ、企業としての実力を高めることにもつながります。

ただし、こうした株式市場の経営チェック機能が有効に果たされるためには、次に述べる株式の価値を見分けることができる投資家の存在が不可欠となります。

SECTION 3-3

株式の価値とは何か

●株式の理論的な価値を考える

　金融商品としての株式は、株主の権利を表章する証券ということでした。そして、その証券につけられた価格が株価というわけです。では、株式の価値とは一体何にもとづくものであり、どのように価格が決められるのでしょうか。もちろん、株式は市場（主に流通市場）で自由に取引されるもので、需要と供給のバランスによって自然に価格が形成されていくわけですが、では投資家は何に基づいて、その価格なら買ってもいいとか売ってもいいと判断しているのでしょうか。

　まず、株主の権利にはいくつかのものがありますが、とくに重要なものは株主総会における議決権と、配当を受け取る権利でしょう。このうち、前者の議決権は、株主の重要な権利の一つではありますが、その価値を金額に換算することはなかなか困難です。特定の企業の株式をよほど大量に買わなければ経営に大きな影響を持つことはむずかしく、もちろんそうした経営への影響力を狙って株式に投資する場合もあるにはあるのですが、とりあえず一般投資家にとっての株式価値を考えるうえでは無視してしまっても構わないと思います。そうすると、株式の価値を考えるうえで重要なのは、配当を受け取る権利だということになります。

　株式に限らず、金融商品の価値は、その金融商品を保有することで得られる将来の経済的利得をいまの金額に換算したものであると考えることができます。株式の場合は、それが配当の受取りというわけですね。そこで、将来受け取れるだろうと考えられる配当の受取額をすべていま現在のお金の価値に換算して合計したものが、株式の価値にほかならないことになります。この考え方は、配当割引モデルと呼ばれており、最も基本的な株価の理論モデルとなってい

ます。

　ただ、企業は利益のすべてを配当として支払うわけではありません。たとえばアマゾンは、利益を内部留保して再投資に回すため、どれだけ利益を上げても配当を支払いません。配当を株式の価値の源泉と考えると、こうしたアマゾンのような企業の株式の価値を測ることはできなくなります。

　では、アマゾンの株式の価値はどこにあるのでしょうか。アマゾンは、配当を支払わずに、その分を投資に回し、それで将来の利益を増加させます。企業の利益は、配当で支払われなくても、株主の持ち分である資本の増加に貢献しますから、アマゾンの株式を保有していれば、配当は受けとれなくとも、自分に帰属する資本の持ち分が増え、それが株式の価値を押し上げて投資家の利益につながると考えられます。

　このように考えていくと、結局、企業が生み出す将来の利益が、配当という形であれ、持ち分の増加という形であれ、株式の価値の源泉なのだと理解できます。

　利益をもとに株式の理論的な価値を計算しようとするモデル（理論式）はいくつかありますが、ここでは、そのうち最も単純なモデルだけを紹介しておきます。これは、配当と内部留保を区別せずに、税引後の利益を株式価値の源泉と考えるもので、その利益が毎年定率で増加していく場合に、次の式で株式の理論上の価値が表されるというものです。

$$\bullet \, 株価 \; = \; \frac{EPS}{r + p\text{-}g}$$

　　　　EPS〔Earnings Per Share〕：
　　　　　　　　税引後当期利益　÷　発行済株式数
　　　　r：長期金利
　　　　p：リスク・プレミアム
　　　　g：EPSの成長率

こうした株価モデルは結局何らかの仮定に基づいているものなので、どれも完全に正しいとはいえません。しかも上記のモデルはきわめて簡便なものです。ただ、株式の価値を考えるうえで重要ないくつかのポイントを理解するのには十分役立つと思います。

●株価の決定要因として大切なリスク・プレミアム

先ほどの株価モデルを少し詳しくみていきましょう。

右側の分子にある EPS は、税引後当期利益を発行済株式数で割った値です。1 株当たり当期利益ということです。株式の価値は利益の大きさに左右されますが、株価は株一単位当たりの値段なので、流通する株式数が多ければ多いほど EPS は小さくなり、その分株価も安くなるはずです。モデル式を見れば、この EPS が株式価値の基礎となるものであることがわかります。

さて、注目は式の右側の分母のところです。3 つのファクターが登場します。まずは、r の長期金利です。この r は分母にプラスで加えられているので、長期金利が下がると株価は上がり、長期金利が上がると株価は下がるという関係にあることがわかります。

これは理論的には、長期金利が下がると、将来その企業が生み出すであろう利益のいま時点での価値が増加することを意味していますが、実態面としては、長期金利が低下することで、長期金利に連動する債券など他の運用手段の魅力が薄れ、相対的に株式の魅力が増すことを反映しています。

次に、一つ飛ばして、先に g で表される EPS 成長率をみてみましょう。これは、EPS が将来どのくらい伸びそうかということを年平均で表したものです。g は分母からマイナスされているので、EPS 成長率が上がると株価も上がり、EPS 成長率が下がると株価も下がるという関係にあります。このことは直観的にも理解しやすいと思います。

さて EPS の成長率は、景気全般が良くなっていけば高まっていくことが期待されるでしょう。また、全体の景気動向とは別に、その企業が画期的な製品やサービスを投入することでも高まると考えられます。つまり、景気全体の動向というマクロ要因と、その企業

特有の業績動向というミクロ要因から影響を受けるということですね。

3つ目に、先ほど飛ばしたpで表される**リスク・プレミアム**というものです。pは分母に加えられる値ですから、長期金利と同じく、株価を逆方向に動かす要因だとわかります。このリスク・プレミアムは、ちょっととらえどころがないものなのですが、株式投資を考えるうえでは非常に重要な概念です。ここでいう"プレミアム"は、保険や、何かの権利の対価という意味合いで用いられる言葉で、リスク・プレミアムというと「リスクをとることの対価」というような意味になります。

株式投資には、当然ですがリスクがつきまといます。そもそも先ほど登場したEPS成長率のgにしても、将来の値なので現時点で得られる値は予想数値でしかなく、本当にそのとおりになる保証はありません。成長が期待されていた企業が思いがけず伸び悩んだり、手堅いと思っていた企業が経営危機に陥ったりすることもあります。株式投資とは、そうしたリスクを引き受けることを意味します。

ここで心理的な側面に目を向けると、人間には本質的にリスクを回避したい傾向が備わっていると考えられています。一か八かのばくちを好む人もいますが、平均的にみればリスクを回避しようとする人が圧倒的だと思います。そうだとすると、多くの投資家が本来は回避したいリスクをとってまで株式に投資するためには、そのリスクをとることの見返りとして、追加的なリターンが得られる見込みが必要です。

つまり株式投資は、リスクのない安全確実な運用手段で得られるよりも高いリターンが期待できて初めて多くの投資家が投資することになるのです。この投資家が要求する追加的なリターンがリスク・プレミアムです。

これは、よく言われる「リスクをとらなければリターンを得られない」というのとは少し意味が違います。そして、この少しの違いがとても重要なことです。ここで言っていることは、「リスクの高い投資対象のほうが儲かりやすい」ということなのです。株式投資はたしかにリスクを伴います。だからこそ株式の価格はそのリスク

図表10 ● 株式と国債の長期リターン比較（米国）

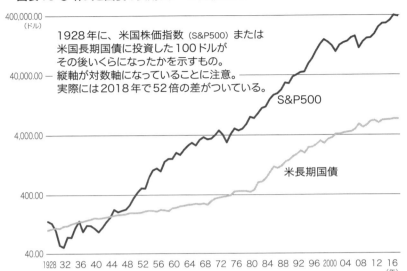

出所：ニューヨーク大学スターン・スクール・オブ・ビジネスAswath Damodaran教授HPより。

のせいで本来の価値よりも安くなっており、その安い値段で買えることで、結果として利益が出やすくなっていると考えられるわけです。

　本当にそうなのかというと、長期でみた株式投資のリターンは、安全確実な他の運用手段よりもかなり高くなることが実際に観測されています。複利の効果を考慮すると、その差は長いあいだに桁外れのものになる可能性があります（**図表10**）。

　ただ、先ほども触れましたが、リスク・プレミアムはとらえどころがなく、少々厄介な代物です。リスク・プレミアムは、投資家がリスクをどれだけ嫌がるかに左右されるので、心理的な要因といえます。ですから、正確にその水準がわかるというものでもありませんし、状況によって大きく変化もします。

　一般的に、リスク・プレミアムの水準は投資家の楽観度合いに大きく左右されます。たとえば景気の好調が続くと、投資家に楽観的なムードが広がり、リスクに対する意識が低下するのでリスク・プレミアムは低下しやすくなります。これが株価の上昇要因になりま

す。逆に、景気に弱気な見方が広まったり、市場の値動きが大きくなって不安心理が高まったりするとリスク・プレミアムは上昇しやすくなります。これが株価の下落要因になります。

　つまり株式相場は、リスク・プレミアムというものを通じて、投資家の心理的なムードに左右され、ときにそれが要因となって大きく上下に変動するということです。しかし、リスク・プレミアムは心理的な要因であるがゆえに適正水準を把握することも、先行きの変動を予想することもむずかしく、それがそのまま株式投資のむずかしさにつながっているわけです。

SECTION 3-4

株価はどう動く?

●株価を変動させる要因は複合的

　ここまでの話を整理して、株価が上昇する要因としてどのような
ものがあるかをまとめてみると、以下のようになります。

- 景気が良くなる→マクロ要因によるEPS成長率の高まりによって株価が上がる
- 企業の経営努力→ミクロ要因によるEPS成長率の高まりによって株価が上がる
- 金利が下がる→株価が上がる
- 投資家の楽観的見通しが増える→リスク・プレミアムの低下によって株価が上がる

　逆もまた真なりですが、気をつけなければならないのは、株価を
変動させるこれらの要因同士が、互いに関連しあっているというこ
とです。

　たとえば、景気が拡大し金利も下がれば株価は上昇する可能性が
高まりますが、景気と金利の関係をみると、この両者は逆の方向に
動くことが多いのです。つまり、景気が良くなれば金利は上がりや
すくなり、景気は株価上昇要因だけど金利は株価下落要因になる、
というのがよくみられる状態です。

　また、たとえば景気や市場の先行きに不安心理が高まると、金利
が低下すると同時にリスク・プレミアムが上がりやすくなります。
金利の低下は株価にプラスの要因ですが、リスク・プレミアムの上
昇は株価の下落要因ですね。さらに、こうした状況では利益成長の
見通しも悪化することが多いでしょう。このように、いくつかの相
反する要因が重なりあって実際の株価変動が起きるのです。

ここまで、リスク・プレミアムが投資家心理によって左右される部分だと説明してきました。ですが、EPS 成長率の予想についても実際には心理的要因と無縁ではありません。

　ある企業の利益成長率を予想することは簡単なことではありません。というよりも、正解は誰にもわからないのです。そうすると、正解がわからないままに、色々と心理的な要因にも影響を受けながら予想が形成されていくことになります。投資家が楽観的なら強気の予想が増えるでしょう。そして、より多くの投資家が強気の予想をする企業がより大きく株価を上げることになります。

　イギリスの経済学者のジョン・メイナード・ケインズは、株式投資を美人投票にたとえています。ただし、普通の美人投票ではありません。自分がもっとも美人だと思う候補者に投票するのではなく、他の投票者がもっとも投票しそうな候補者に投票する美人投票なのです。

　多くの投資家が高い利益成長率を予想する企業の株価が上がるわけですから、大切なのは自分の予想ではなく、他の投資家の予想ということになります。ところが他の投資家もそう考えるでしょうから、株式市場は結局、お互いの腹を探りあう場所になるというわけです。

●割安なものを買うべきか、人気のあるものを買うべきか？

　さて、株式投資で成功するためには、基本的には安い値段で買った株が保有しているあいだに値上がりする必要があります。では、どのような株が値上がりするかというと、これを予測することは簡単なことではありませんが、大まかにいうと 2 つの考え方があります。割安な株を買っておけば、いつかは上がるはずだという考え方と、人気のある株はさらに人気を集めて上がりやすいという考え方です。

　ここで、株価の割安さを判定する指標としてよく用いられる 2 つのものを紹介しましょう。これらの指標は、同時に人気の度合いを測るものとしても使うことができます。

● 株価収益率 (PER)

　株の割安さに注目する際によく用いられる指標が**株価収益率**(PER、Price Earnings Ratio) というものです。株価を EPS で割った倍率のことで、平均的にみるとだいたい 10 〜 20 倍くらいの水準となっています。

$$PER \ = \ \frac{株価}{EPS}$$

　ちなみに、いつの EPS の値を用いるかというと、前期の確定値または当期の予想値が用いられることが多いのですが、とくに当期予想値にもとづく予想 PER が一般的には重視されます。

　EPS は、配当という形で直接的に、あるいは内部留保という形で間接的に、株主に価値をもたらすものでしたから、これが株式の価格評価の基準になることは直観的にも理解しやすいと思います。PER は、株価がその EPS の何倍になっているかをみることで、株価が割安か割高かを判定しようとする指標です。ざっくりとしたイメージでいうと、先ほどの平均的な水準をベースにして、PER が 20 倍以上なら割高、10 倍以下なら割安というような感じでとらえられます。

　ちなみに、PER を逆数 (1 / PER) にすると、益利回りというものになります。いまの株価で株を買うと、1 年当たりで配当、内部留保含めて理論上の株主価値がどれだけ増えていくかを示すものです。たとえば、PER が 10 倍なら益利回りは 10%、PER が 20 倍なら益利回りは 5%ということになります。PER が低い株は、その分益利回りが高くなるわけです。

　PER の教科書的な使い道はこんなところですが、ここにはいくつか注意点があります。1 つ目は、ある期の EPS は、特殊な要因によって企業本来の実力から大きく乖離してしまうことがあるということです。たとえば、簿価の安い本社ビルを売却して特別利益を計上したとします。こうした出来事は 1 回限りのことであって、将来の EPS には直接影響を与えないはずです。こうした特別損益が

反映した EPS を使って PER を計算すると、適切な指標ではなくなる可能性があります。

より本質的な問題として、PER が低い株はなぜ PER が低いのか、逆に PER が高い株はなぜ PER が高いのかを考える必要があります。先ほど紹介した簡易な株価の理論式から益利回りを求めてみると、

益利回り　＝
　　金利 (r) ＋ リスク・プレミアム (p) － EPS 成長率 (g)

という関係になります。

ここで、金利はすべての株に共通の要因ですから無視すれば、EPS 成長率が高ければ高いほど、リスク・プレミアムが低ければ低いほど、益利回りは低くなり、したがって PER が高くなることがわかります。逆に、EPS 成長率が低くリスク・プレミアムが高ければ益利回りは高く、PER は低くなります。リスク・プレミアムはリスクをとることの対価ということでしたが、心理的な要因が大きく左右しますので、これを不人気の尺度と考えることもできます。人気のない株には大きなリスク・プレミアムが求められ、人気のある株にはそれほど大きなリスク・プレミアムが求められないということです。

つまり、EPS 成長率が高くて人気のある株ほど PER が高くなり、逆に EPS 成長率が低くて不人気な株ほど PER が低くなるわけです。

結局、株式投資の銘柄選びは、一見割安にみえる低成長で不人気な株を買うか、一見割高にみえる高成長で人気のある株を買うか、という選択になります。そして、一概にどちらが正解かを断定できないところに株式投資のむずかしさがあるわけです。一般的にいえば、不人気な割安株が何かをきっかけに見直され、大きく値上がりすることはよくあることですが、それには相応の投資期間が必要です。一方、短期的にみれば、人気のある株がさらに値上がりするというケースは比較的よくみられますが、いままで人気があった株が何かをきっかけに不人気になるリスクもあります。

ですから、PER は単純にその水準のみをみて何かを絶対的に判

断できる指標ということではありません。同じ業種内で比較したり、利益成長力やその確度といった企業の実力と照らし合わせながら比較したりというように、使い方をよく吟味したうえで用いる必要があります。

・株価純資産倍率 (PBR)

株価の割安さを判定するときに PER と同様によく用いられるもう一つの指標、**株価純資産倍率** (PBR、Price Book-value Ratio) にも同様のことがいえます。PBR は、株価を 1 株当たり純資産額で割ったものです。

$$PBR \quad = \quad \frac{株価}{純資産額 \quad \div \quad 発行済株式数}$$

純資産というのは、会計上で株主の持ち分である自己資本を表すものでしたね。つまり PBR は、帳簿上の株主持ち分に対して実際の株価がその何倍かを計算したものです。

もし企業が事業をやめ、資産をすべて会計上の価値に等しい価格で売却し、負債もすべて返済すると、純資産分の現預金が残るはずです。つまり、純資産は企業の解散価値を表していて、株式の価値はその解散価値を下回ることは基本的にないはずなので、PBR が 1 倍を割った株は解散価値に比して割安だということになります。

これが PBR の教科書的な説明ですが、実際には 2019 年 8 月の時点で東証一部上場企業の半分以上は PBR 1 倍割れとなっています。

現実的には、PBR が 1 倍を割ったからといって事業を止めて会社を清算するという選択肢がとれるわけではなく、企業の評価は基本的には事業が継続することを前提に行なわれます。ですから株価は、解散時の価値を示すと考えられる純資産の額ではなく、その企業が継続的に生み出せる利益の額によって基本的に左右されるということです。つまり、企業が投資家の期待する利益を長期間にわたって実現できないと判断されれば、PBR が 1 倍を割り込んでしま

うことも十分に考えられます。

　さらにいえば、純資産はあくまでも会計上の数字です。多くの場合、工場や設備、店舗などは取得時の価格から減価償却費を除いた金額で評価されています。そうした固定資産がいまや十分な利益を生み出せておらず、売却しようとしたとしても大幅に安い値段でしか売却できない、あるいはそもそも売却もできないといったケースも存在します。そうした固定資産の実際の価値は、会計上の価値よりもずっと低くなるでしょうから、純資産の本当の価値も会計上の価値より小さくなるはずです。

　その場合、PBR は純資産を本当の価値よりも過大に評価したうえで計算されているものですから、それが 1 倍を下回っても何ら不思議はないことになります。

　つまり、PBR が 1 倍よりも低いということは、投資家の期待に応えられるほどの収益性を継続的に生み出すことができないと判断されているか、あるいは純資産の実質的な価値が会計上の純資産の額を下回っている可能性を反映したものといえます。

　結局 PER と同様に、PBR の低さは一見すると株価の割安さを示していますが、同時に低評価、不人気の度合いを表してもいるのです。

SECTION 3-5
株価と企業経営はどう関係しているか

●直接的な影響はなくとも間接的な影響は非常に大きい

　本章2項で、企業にとって上場することは、大勢の投資家の監視を受け、それによって経営に規律をもたらすメリットがあると述べました。一方で、上場企業の経営者が目先の株価を押し上げることに気を取られ、長期的な経営戦略がないがしろにされるとの批判もあります。そもそも企業の経営と株価はどのような関係にあるのか、ここで改めて整理してみましょう。

　まず基本的な関係を押さえておくと、企業が株式市場で資本を調達するのは、新たに株を発行して、それを投資家に購入してもらうときです。増資がそれにあたります。その後、投資家同士で売買が行なわれ、株価がどんどん変動していくわけですが、いくら株価が上昇しても、企業の資本が増えるわけではありません。

　ちなみに企業の規模を表す指標の一つとして、前にも登場した時価総額がよく用いられます。発行済みの株式数にいま現在の株価をかけたものですね。これを企業別に比較すると、時価総額で世界最大の地位は、マイクロソフトやアップル、アマゾン、アルファベット（グーグルの持株会社）あたりが競っていますが、2019年3月末時点の時価総額はそれぞれ100兆円近くに達しています。これに対して、日本トップのトヨタは20兆円ほどです。GAFAやマイクロソフトがいかに巨大かがわかりますね＊。

　ですが、この時価総額で測った企業の大きさは、事業の元手としての資本の大きさとは直接関係がなく、いわば投資家たちが勝手に

＊ もっとも、企業は資本だけでなく負債でも資金を調達できますから、それも含めた企業規模を測るためには株式の時価総額だけでは不十分で、負債の価値もそれに加える必要があります。

つけた企業の株式価値でしかないのです。

　それでは、株価や時価総額が企業経営にとってはどんな意味を持つかということですが、直接的な影響はなくとも、間接的な影響としては非常に大きなものがあります。

　まず、株価が高くなり、時価総額が大きくなるということは、経営者の戦略や手腕が投資家から評価されていることの裏返しと解釈することができます。株価は投資家がつけた「経営の通信簿」というわけですね。もっとも、株価は前項でみたとおり、企業の個別要因だけで変動するわけではありません。景気全般の良し悪しや金利水準など、個別企業の経営努力とは関係のないマクロ要因によっても大きく左右されます。ですから、本当の意味で"通信簿"になるのは、株価の絶対水準ではなく、同業他社などのライバル企業に対する相対的なパフォーマンスであることには注意が必要です。

　続いて、時価総額が大きいということは、その企業を買収するにはそれだけ巨額の資金が必要になることを意味します。企業を買収してリストラし、株価が高くなったところで売却する投資ファンドを、よく"ハゲタカ"と呼んだりしますが、彼らが標的にするのは経営効率が悪く株価が低迷している企業です。そうした意味では、彼らは企業の新陳代謝を促す役割を担っていると考えることもできます。いずれにしても、時価総額を高めればそうしたハゲタカ・ファンドに狙われにくくなるので、株価の上昇は究極の買収防止策ともいえます。

　また、株価の上昇は、株式を追加で発行して新たに資本を調達するときにとても重要な要素となります。株価の上昇は企業の資本に直接影響しないと述べましたが、株価が高くなったところで公募増資を行なえば、より大きな資本調達が可能になるわけです。

　そもそも株価が低迷して投資家に人気のない企業だったら、新たに株式を追加発行すること自体がむずかしくなります。せっかく上場しても、株価が低迷して公募増資を行なえないなら、上場するメリットのうち大きな部分を放棄してしまうことになります。

　さらに、株価が高くなることで、企業の信用力を高める効果が生じることがあります。これは常にそうなるわけではありません。た

とえば、負債による調達の比率を高めると、第2章に出てきたレバレッジ効果により株式の価値が上がる可能性がありますが、企業の信用力は低下します。ただし、一般的には株価の上昇、時価総額の増大は信用力のアップにつながることが多いと思われます。そうすると、銀行からの借入条件の交渉や、社債の発行条件の決定で有利になり、負債の調達コストを引き下げることにもつながります。

　株価は投資家が勝手につけた値札であり、直接的には企業の財務に影響しないとはいっても、間接的な影響はさまざまにあり、やはり経営にとって株価は無視できないものであることが理解いただけたと思います。

●株価を押し上げる基本はROEを高めること

　それでは、経営者が株価を押し上げるために何をすればよいのでしょうか。株価は、いわば投資家たちの投票によって決まるわけですから、一般に、経営者が直接コントロールできるものではありません。経営者にできることは、投資家から高い評価を得られるように経営の効率を高め、利益率を高くしていくことです。そうした点で、おそらく最も重要な指標がすでに触れたROEでしょう。

　第2章でみたとおり、資本は株主の持ち分です。経営者にとっては、株主から提供を受けたこの持ち分を使ってできるだけ高い利益を上げることが、現実的な責任範囲と考えられるということでした。つまり、株価を押し上げる基本はROEを高めることです。実際に、ROEの高い企業の株価は高くなる傾向があります。

　ここまではとくに異論のないところだと思いますが、時間軸については注意を向ける必要があります。企業は従業員を雇い、多くの取引先や顧客と長期的な関係を続けていきます。株主に関してみても、短期間で転売を繰り返す投資家もいるでしょうが、一度買った株をじっくり保有し続ける投資家もいるでしょう。従業員、顧客、取引先、長期的な投資家などの観点に立てば、企業は長期間にわたって持続可能な経営をすることが望ましく、したがってROEを高めるといっても、それが長期的に維持されるものでなければ意味がありません。

一方で、株式市場では短期的な業績動向で株価は大きく変動します。たとえば、四半期決算の速報が予想より良かったからといって株価は急騰し、予想より悪かったからといって急落します。経営者がこうした短期的な株価の上下動に振り回されてしまうと、本来求められるべき長期的な利益率ではなく、とにかくいまが良ければいいという判断に染まりがちになります。

　"株価は経営の通信簿"ということから経営者の報酬を株価に連動させることが広く採用されるようになっていますが、こうした制度もうまく設計しておかないと、経営者の短期志向を助長させてしまうことになりかねません。

　経営者の短期志向は、企業の長期的発展に不可欠な事業基盤の維持や、将来の成長に向けた投資などがおろそかになってしまうという事態を招きます。また、「今期の決算はなんとしても良いものにしたい」という気持ちが強くなりすぎると、不適切な取引を行なったり、不正な会計処理を誘発したりしかねません。実際に上場企業による決算の粉飾などの不正事件が起きることがありますが、そうした事件の背景には経営者による極端な短期志向があることが多いでしょう。

●株主還元策 ── 配当と自社株買い

　さて、経営者が株価を押し上げる手段として、もう一つ考えるべきは株主に対する還元策です。

　株主が株を保有することで得られるリターンは、配当によるものと、株価の値上がりによるものがありました。このうち**配当**は、企業が得た利益の一部を株主に直接渡すものであり、まさに利益を株主に"還元"する策です。還元策には、もう一つ、自社株買いというものがありますが、まず配当からみていきましょう。

　税引後当期純利益のうちどれくらいを株主に配当するかという割合を配当性向といいます。配当性向はどのくらいが適正かというと、必ずしも明確な答えがあるわけではありません。利益を投資家に還元するほうが良いのか、それとも内部留保として企業内で再投資に回すほうが良いのかという選択の問題です。

理屈で考えると、利益を再投資することで投資家の要求リターンをさらに上回る利益を生み出すことができるのであれば、配当はせずに内部留保にして再投資に回すことが適切でしょうし、再投資してもそれほどの利益を生み出せないのであれば配当に回すのが適切になります。

　では、利益を内部留保しながら、再投資には回さず、現預金などに積み上げていったらどうでしょうか。現金は利益を生みません。定期預金や安全な債券などで多少の利息が付く運用をしたとしても、株主は自分の持ち分をそのように企業に運用してもらいたいとは思わないはずです。企業の利益は法人税がかかった後でしか株主の持ち分や配当の原資にならないので、ただ安全な運用をするだけなら、配当でもらって自分で運用したほうがましだからです。つまり、株主の立場からすれば、内部留保を現預金で置いておくだけなら、その分は配当に回すべきだということになります。

　さて、株主還元策には、配当のほかに**自社株買い**があります。文字どおり、自社の株式を自社で買うということです。現預金が過剰に積み上がってしまったときなどに、それを使って自社株を購入します。全株主を対象にする配当とは違って、自社株買いの相手方となった株主に対してだけとなりますが、株主に自社の資金を渡すことから株主還元策と位置付けられています。では、この自社株買いは、株を手放さずに保有し続けている他の投資家にとって何がメリットになるのでしょうか。

　自社株買いによって企業が株式を吸い上げると、市場に出回る株式の数は少なくなります。利益を生まない余剰の現預金を使って自社株買いをしたとすると、その自社株買いによって企業の収益力には基本的に変化がないはずです。ですが、利益の額が変わらずに市場に出回る株数が減れば、市場に出回る株1株当たりの利益（実質的なEPS）が高まり、株価もそれに従って上昇するはず、ということになります。

　もちろん、買った自社株を再度売りに出してしまうとその効果は消えるので、これを永続させるためには自社株買いで得た株式を消却する必要があります。消却とは、文字どおり消滅させてしまうこ

とです。自分で保有している株をないものとし、その分、自己資本も減額します。これで EPS が高まる効果は確定的なものとなります。別の言い方をすれば、自己資本が減るので、利益が変わらないのであれば自己資本利益率である ROE が上昇することになります。

　自社株買いは、必ずしも余剰現預金がある場合にのみ実施すべきとは限りません。たとえば、自社の株価がその収益力に比べて割安に放置されていると判断できるのであれば、その割安な自社株に投資をすることで大きなリターンを生むことが期待できます。こうした観点からの自社株買いは、ただたんに自社株で儲けようということ以上に、いまの株価は自社の実力と比較して割安すぎるというメッセージを投資家に発信するための手段としても位置付けられます。

　こうした自社株買いでは、借入や社債発行などで調達した資金を使うケースも多くみられます。負債による自社株買いは、財務レバレッジを高め、資本と負債の平均調達コストである WACC を改善する目的にも使用できます。

SECTION 3-6

株価指数は経済動向を占ううえで なぜ重要なのか

●株価指数は景気動向のバロメータ

　株式市場では、数多くの上場企業の株が取り引きされています。たとえば2019年8月末時点の東証一部上場企業数は、2140社です。

　ですから、1日の値動きをとってみると、株価が上がる会社もあれば下がる会社もあります。それでは、全体としてみた場合に株価は上がったといえるのか、それとも下がったといえるのか、それを判定する基準が欲しいところです。このような株式市場全体の動向を示すものとして開発されたのが株価指数（株価インデックス）です。

　日本だけでも株価指数にはいろいろなものがありますが、ニュースでよく取り上げられるのは日経平均株価225種、一般に"日経平均"と呼ばれるものでしょう。これは、日本を代表する225社の株価の単純平均に基づいてつくられた指数です。次によく知られるのが東証株価指数（TOPIX）でしょう。こちらは東証一部全体の時価総額をベースに算出される指数です。

　ちなみに株価指数は、もともとの市場全体の動きを示すためのものという位置づけに加えて、いまでは株式運用の基準（ベンチマーク）としての意味合いも大きくなっています。ファンドなどの運用責任者は、ベンチマークを上回ると運用成績が良かったと判定されることになります。TOPIXはこうしたベンチマークとして採用されることの多い株価指数です。

　米国でも似たような株価指数が複数あります。日経平均と似た単純平均ベースの株価指数としてはダウ平均株価＊があります。「日経平均と似た」といいましたが、そもそも日経平均が米国のダウを参

＊ダウ（ダウ・ジョーンズ）平均株価にはいくつかの種類があり、一般にダウという場合は、このうちの工業株30種を指します。

考につくられたものです。時価総額ベースの株価指数としては、S&P500があります。米国の代表的な500社分の時価総額をベースにした指数です。やはりニュースではダウが取り上げられることが多いのですが、S&P500は運用のベンチマークとして多く採用されています。

さて、こうした株価指数は、多くの企業で利益が増える見通しが強まると上昇していくことになりますから、経済全体の動向に大きく左右されることになります。つまり、株価指数は景気動向のバロメータというわけです。

さらにいうと、株価指数の動向を大きく左右するのは、景気の現状というよりも将来の景気の予想です。株価が1株当たり利益であるEPSの将来の伸び率に大きく影響を受けることはすでにみたとおりです。

それに加え、景気の現状については、経済指標や企業業績の発表などで多くの情報が共有されており、人によって判断が大きく異なることは少ないでしょうが、それに対して将来の予想は人によって大きく見方が分かれることがあります。そうした将来に対する異なる見解が株式市場での売買という形でぶつかることで、相場が形成されていくことになります。また、誰もが想定していなかった何らかの新しい情報がもたらされたときに、人々の将来予想が大きく振れる可能性もあります。こうした将来予想をめぐるせめぎあいが株価の変動をもたらす大きな要因となるのです。

もちろん、将来予想はあくまでも予想であって、それが実現するかどうかはまた別問題です。ただし経験的には、株式市場の動向は実際の景気動向に半年ほど先行する傾向があるといわれています。

ここで、非常に興味深い現象があります。将来の景気動向を予測することは大変むずかしく、著名なエコノミストでも予想をあてることはなかなかできないのですが、大勢がそれぞれ自前の予想を持ちながら集まって市場で取引すると、不思議と的確な予想が形成されることがあるのです。たとえば、多くの人が景気に悲観的であるときに、どういうわけか株価が大きく上昇し始めることがあります。そして、実際にその半年後くらいに景気が回復し始める、というよ

うなことが起きます。

いつもそうだとは限りませんが、経験的には、優秀な個々のエコノミストの予想よりも、株式市場の動向のほうが将来を的確に言い当てる確率が高いようです。これを評して、「市場は最良のエコノミストである」といわれることがあります。

株式市場のこうした先見性から、株価指数は景気の先行指標としても扱われます。たとえば内閣府が公表している景気動向指数には、先行きの動向を占う先行系列と呼ばれるものがありますが、そのなかには株価指数も含まれています。株価指数の動向をウォッチすることは、"最良のエコノミスト"の予想に触れることでもあるのです。

●株式市場が経済を振り回す

株価指数が将来の景気動向を言い当てることが多い理由として考えられるのは、たんに大勢の投資家の予想を集めると意外にも成績がよくなるということだけではありません。株式市場の動向そのものが景気に影響を与えるという面があるのです。

まず、理由が何であれ株価が上昇を続けると、公募増資など新規の資本調達がしやすくなります。場合によっては、時価総額の増加に伴って企業の信用力に対する評価が上がり、借入や社債発行など負債の調達もしやすくなります。企業がこうした環境を利用して資金を調達し、活発に投資を行なえば、景気には好影響をあたえます。

株価の上昇によって投資家の懐が潤うという効果もあります。保有する株式の価値が膨らむことで、高額消費などを刺激するわけです。これを資産効果といいます。

また、心理的な影響も無視できません。株価が上昇することで、楽観的なムードが強まり、企業や個人の積極的な投資や消費を誘発するのです。

逆もまた真なりです。理由が何であれ、株価が大きく下落すると、企業の公募増資がむずかしくなり、借入や社債発行も容易でなくなるかもしれません。投資家は損を被って財布のひもを締め、心理的にも悲観的なムードが強まって、本当に景気が悪化する可能性が高まります。

予言をすることが原因となって本当にそれが実現してしまうことを予言の自己成就といいますが、株式市場の動向には、こうした予言の自己成就効果があると考えられています。景気拡大を予想して株価が上がると、その株価上昇が原因となって本当に景気拡大が起きる可能性が高まるということです。

株価上昇が引き起こすのは景気の拡大だけではありません。投資家の心理という側面から、株価上昇がさらなる株価上昇の原因になることがあります。たとえば投資家のあいだに景気拡大の予想が広がって株価が上昇したとします。そうすると今度は、株価が上昇したことを受けて景気に楽観的なムードが強まります。それがさらなる株価上昇につながります。

さらにいえば、たんに株価が勢いよく上昇しているというだけで、その波に乗ろうとする投資家がでてきますから、彼らの参入で株価がさらに押し上げられる効果もあるでしょう。

このように株価の上昇がさらなる株価の上昇を引き起こすなら、それが循環的に作用して、かなりの期間にわたって株価上昇が続く可能性も出てきます。一般にこうした循環的な自己増強プロセスを**正のフィードバック**といいますが、株式市場で正のフィードバックが強力に作用すると、株価が異常ともいえる水準にまで上昇してしまうことがあります。これが"バブル"ですね。

正のフィードバックは、株価を引き上げる方向だけに作用するものではありません。株価下落が株価下落の原因になるのであれば、それも正のフィードバックです。要するに、方向が上であれ下であれ、自己増強的なプロセスを正のフィードバックと呼びます。これに対して、株価が上がると高値で株を売りたい投資家が増えて株価の下落につながるとか、逆に株価が下がると安値で買いたい投資家が増えて株価の上昇につながるというような自己抑制的なプロセスを、**負のフィードバック**といいます。

ややこしいことに株式市場では、正負どちらのフィードバックも起こり得ます。負のフィードバックが主に作用しているときには、相場は一方向には進まず、行ったり来たりを繰り返して、あまり極端な事態は生じません。一方で、正のフィードバックが作用し始め

ると、バブルが生じたり、市場の暴落が引き起こされたりします。

　最も恐ろしい株式市場の暴落は、一般にバブルが生じた後にやってきます。バブルの反動で株価が大きく下がると、それが企業の資金調達環境を悪化させたり、経営者や消費者の心理を悪化させたりして本当に景気が悪くなり、そのことが原因となってさらに株価の下落が続きます。とくに、株式市場ではほとんどの投資家が株を保有する立場ですから、株価の下落で大勢が損失を被ることになり、それが次第に大きくなってくると、皆が一斉に株を売って逃げ出そうとしてパニックが生じやすくなります。

　さらに、本当に株式市場の暴落が起きると、金融機関の貸し渋りや市場の機能低下を招き、それがリーマンショックのような、より大きな経済危機につながります。

　株式市場は、かつてのオランダ海上帝国のようなものも生み出しますが、バブルや恐慌も生み出します。株式市場は、実体経済を支えるものでありながら、同時に実体経済を振り回し、ときに大きなダメージを与えるものでもあるのです。

COLUMN
国際的な競争にさらされる取引所

　日本の代表的な株式の取引所は、本文にも出てきましたが、東京証券取引所（東証）です。東証は、日本取引所グループ（JPX）の一員で、その日本取引所グループ自身が東証に上場する株式会社です。

　日本取引所の傘下には、東証や、デリバティブ専門の取引所である大阪取引所のほか、日本取引所自主規制法人と日本証券クリアリング機構が存在します。

　自主規制法人は、上場審査、上場企業が守るべきルールの制定、さらには市場での不正取引の監視などを行ないます。取引所は、資本主義経済のインフラともいうべき公共性の高い存在ですが、とくにこの自主規制法人は"市場の番人"としての役割を果たしており、中立性や公平性を担保するために取引所からは独立した法人となっています。

　日本証券クリアリング機構は、証券取引やデリバティブ取引の決済を行なう組織です。たとえば東証で株を売買した場合、実際にその決済が行なわれるのはこの日本証券クリアリング機構においてです。

　しかし、そもそもこれだけ公共性の高い各種業務を行なう日本取引所グループが、なぜ営利を旨とする株式会社となっており、しかもなぜ上場までしているのでしょうか。

　これは、営利企業としての効率的な運営を取引所にもたらし、同時に上場企業として市場の監視を受けることが望ましいという考え方に基づいています。資本主義経済の中枢を担う取引所に資本主義の規律をもたらそうというわけですね。

　こうした考え方や制度は、実際には世界的な潮流でもあるのですが、一方で取引所間の競争や国際的な合従連衡をも引き起こしています。営利企業としての取引所は、魅力的な企業により多く上場してもらえれば、それだけ取引所としての魅力も高まり、より多くの投資家がそこで取引をするようになります。一方で、たとえばグローバルに展開する企業にとっては、上場する場所はある意味どこでもよく、上場のメリットが大きい取引所に上場すればよいという考え方もあり得ますし、必要に応じて複数の取引所に上場することも可能です。

こうして、有力企業の誘致合戦が取引所間で行なわれることになります。そんななかで、脚光を集めるテーマの一つが**種類株**の上場です。

一般に株式というと、配当を受け取る権利や株主総会での議決権が保有する株数に応じて配分される形になっており、1株当たりの権利は平等です。ただし、1株当たりの権利が異なる複数種類の株式が発行されることもあり、これを種類株といいます。

比較的よくみられるのが、一般的で標準的な普通株のほかに優先株と呼ばれるものを発行するケースです。優先株は何が優先されているのかというと、一般的には配当の受取権や企業が清算されるときの残余財産請求権です。普通株よりも多くの配当をもらえるのですが、そのかわりに議決権が制限されています。

種類株にはいろいろなものがあって、アルファベットやフェイスブックなどは創業者に議決権を集中させるために議決権の配分が異なる種類株を発行しています。2017年に上場した米国のメッセージアプリ新興企業のスナップは、議決権のまったくついていない無議決権種類株を上場しました。

こうした傾向は、すべての株主が平等であるという従来の株式会社の常識に反するものという批判もあります。世界最初の株式会社とされるオランダ東インド会社は、実は議決権が一部の出資者に集中する形となっており、その点が後の株式会社とは異なる点とされてきたのですが、近年のテクノロジー会社にみられる議決権に差をつけた種類株の発行は、まさにオランダ東インド会社時代への逆戻りともいえそうです。

ちなみに、この種類株の上場が取引所間の競争とどうかかわっているかというと、有望なベンチャー企業のなかにはこうした議決権種類株を発行する企業が多く、こうした種類株の上場を認めるかどうかで、それらの企業を誘致できるかどうかが左右されるのです。しかし、あまりに株主間の公平が保たれないような種類株を認めれば、取引所としての公共性に傷がつくでしょう。

種類株の上場をどこまで認めるかは、取引所の営利企業としての側面と公共サービスの提供者としての側面がぶつかる微妙な領域となっているのです。

第 **4** 章
債券市場

債券は、国や企業が資金を借り入れる際に発行するもので、
株式と並んで有価証券の代表的な存在の一つです。
株式市場に比べて債券市場は地味で馴染みにくいかもしれません。
それでも債券市場はとても重要な市場です。
この章では、そんな債券市場についてみていくことにしましょう。

SECTION 4-1
債券市場の特徴

●残高が多いのは国債だが、企業にとっても重要

　債券（bond）＊市場は、前章の株式市場とあわせて長期資本市場を構成する大きな柱です。株式市場が資本調達の場であるのに対して、債券市場は主に長期の負債を調達する場です。

　株式市場との大きな違いは、債券市場で資金を調達するのが企業に限らないという点です。第1章でも紹介しましたが、日本国内の債券発行残高のうち80％超は国の発行する国債が占めています。

　とはいっても、企業の資金調達に限ってみても、債券市場は非常に大きな意味を持っています。企業が発行する社債の発行残高は、2019年3月末時点で62兆円です。株式市場時価総額の十分の一程度で、やや小さいと感じられるかもしれませんが、それでもかなりの市場規模です。

　さらにいうと、株式の時価総額は投資家が勝手につけた値段であり、企業の実際の資金調達額とは直接関係がないということでした。企業の資金調達額そのものを比較すると、株式の新規発行による資金調達は近年低調が続いており、2018年度では新規上場に伴う資金調達（IPO）を含めて3.3兆円です。これに対して社債の発行による資金調達額は10.4兆円に達しています。低金利環境が続くなかで、企業の資金調達において債券市場が非常に大きなウェートを占めていることがうかがえます。

＊英語では場合によってさまざまな用語が用いられることがあります。たとえば米国債の場合、1年以内の短期債をTreasury-bill、10年以内の中長期債をTreasury-note、10年超の超長期債をTreasury-bondと呼んでいます。ちなみにTreasuryは財務省を意味する言葉です。

●債券の銘柄と種類は非常に多い

　株式市場と比べた債券市場の特徴として、同じ発行体から多くの銘柄が発行されるという点もあげられます。銘柄というのは証券などの識別単位のことで、株式市場であれば、種類株など一部に例外はありますが、一般的には1企業1銘柄です。たとえば、上場株でホンダといえば、ホンダが発行する普通株1銘柄しかありません。これに対して、債券では1つの発行体が何度も債券を発行する傾向があり、それぞれが違う条件を持つ別の銘柄として取引されるので、銘柄数は発行体に比べて多くなります。

　たとえば、国債のうちでも最も発行残高や取引額が大きい10年物長期国債で2019年7月に発行されたのは長期国債335回という銘柄です。335という数字は回号と呼ばれるもので、長期国債として何回目に発行された銘柄かを表しています。335もある銘柄のうち大部分はもう満期を迎えて返済を終えていますが、現存する銘柄だけでみても50以上あります。つまり、債券の場合は、「長期国債」という種類を示すだけでは銘柄が特定できず、あわせて回号を

図表11 ● 債券の主な種類

❶利息 (クーポン) の形式による分類
　割引債 (クーポンがない債券)
　固定利付債 (クーポンが確定している債券)
　変動利付債 (クーポンが変動する債券)

❷債券の発行体による分類
　公共債
　・国債：国が発行
　・地方債：地方公共団体が発行
　民間債
　・事業債 (社債)：企業が発行
　外国債：外国政府・企業等が発行

❸国債の種類
　国庫短期証券：満期まで1年以内の短期で発行される割引債
　中期国債：満期まで2または5年の固定利付債
　長期国債：満期まで10年の固定利付債
　超長期国債：満期まで20、30、40年の固定利付債
　個人向け国債：個人向けに発行される満期まで3または5年の固定利付債および満期まで10年の変動利付債
　変動利付国債：満期まで15年の変動利付債
　物価連動国債：満期まで10年の固定利付債で、物価指数の変動に伴って元本が変動する債券

示す必要があるのです。

　それから、そもそも債券には種類が非常に多いという特徴もあります。いまの国債を例にとると、国債には発行時に満期までの期間が 10 年となっている長期国債だけでなく、前ペ**図表 11** の❸のようにさまざまな種類のものがあります。国債以外も含めれば、さらに多くの種類があり、そのなかには極めて特殊な特徴を持った変わり種の債券も数多くあります。

　株式市場にも種類株というものがありましたが、債券市場の種類の多さは株式市場の比ではありません。本章では、こうした債券のさまざまなタイプのうちの一部しか取り上げることができませんが、この種類の多さは債券市場の印象をややこしくする一因となる一方で、同時に債券市場特有の面白さでもあるのです。

SECTION 4−2

債券で知っておくべき基本事項

●一般的なタイプは固定利付債

　ここで、債券の基本的な事項について押さえておきましょう。

　債券は、国や企業などの発行体が投資家に販売して資金を調達するための証券です。負債証券なので、いつ、いくらを返済するかが明示されています。株券と同様に債券もいまは電子化されていますが、もともとは債“券”の名のごとく紙で発行されていました。**図表12**のような感じです。

　図表12の**Ⓐ**は、「満期日がきたらこの金額を返済します」という意味の金額で、額面金額と呼ばれます。一般にいう元本のことですね。**Ⓑ**は元本を返済する期日のことで、要するに満期日です。元

図表12 ● かつては紙で発行されていた債券券面のイメージ

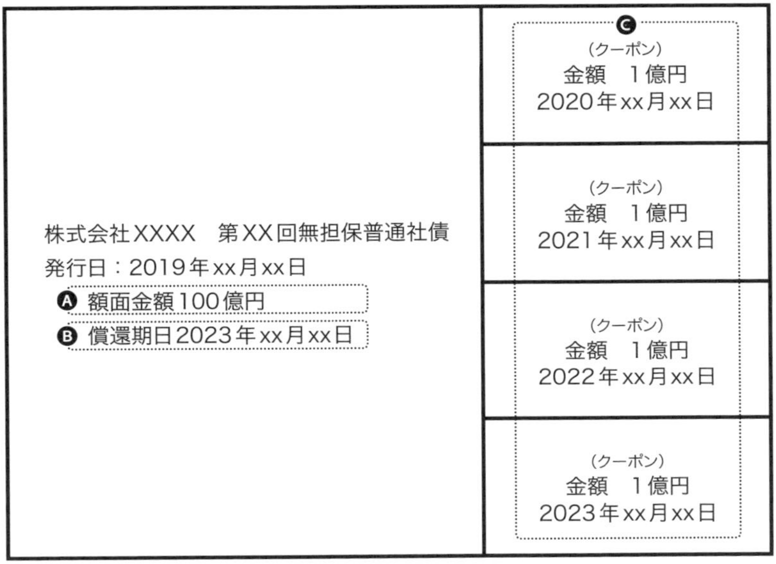

	Ⓒ （クーポン） 金額　1億円 2020年xx月xx日
	（クーポン） 金額　1億円 2021年xx月xx日
株式会社XXXX　第XX回無担保普通社債 発行日：2019年xx月xx日 **Ⓐ** 額面金額100億円 **Ⓑ** 償還期日2023年xx月xx日	（クーポン） 金額　1億円 2022年xx月xx日
	（クーポン） 金額　1億円 2023年xx月xx日

本の返済は償還とも呼ばれるので、償還日（償還期日）ともいいます。

　❻は、お金を借りることに対して支払う利息の金額と支払期日を表しています。この事例だと、元本100億円に対して、毎年1億円の利息を支払います、という条件になっているので、元本に対する利率を計算すると年率1%ということになります。この利息部分はそれぞれの支払期日がきたら本券から切り離し、取扱金融機関に提示すると支払いを受けることができます。チラシなどに付属するクーポンと同じような感じです。なので債券の利息は、通称として**クーポン**と呼ばれています。電子化されたいまでは紙のクーポンはもうありませんが、債券市場ではいまでもよく使われる言葉です。

　いまご紹介したようなものが一般的な債券の例です。この一般的なタイプの債券は**固定利付債**という種類に分類されます。固定利付債の"利付"は、クーポンがついているという意味です。お金を借りたのだから利息を払うのは当然だと思われるかもしれませんが、実はこのクーポンがついていない債券もあります。そんなものにいったい誰が投資するのかというと、利息がない債券でも99円で買って100円で返済されるのであれば、差額の1円分が利息に相当するものとみなせるので、実際に投資する人も出てくるのです。償還される金額（100円）よりも安い値段で取引される債券という意味で、**割引債**と呼ばれています。ただし、後で述べるマイナス金利の状態では、100円以上で買って100円が戻ってくるという形になるので、実際には"割引"債ではなくなるのですが、呼称としては引き続き割引債と呼んでいます。

　また、固定利付債の"固定"の部分は、クーポンの利率が、債券が発行された時点ですべて固まっていることを意味しています。ということは、そうでない債券もあるはずで、実際に債券が発行された時点ではクーポンの利率が確定していない債券も存在します。これは**変動利付債**と呼ばれています。

●債券取引の基本は相対取引

　債券市場で最もよく取引されているのは最初の事例でみた固定利付債です。

さて、発行体がこの債券を発行した場合、いくらの資金を手にできるのでしょうか。これは、そのときの市場環境に左右されますが、おおむね額面金額と同程度の金額となります。一般のお金の貸し借りでは、100円借りて100円を返す、というのが一般的な形態ですよね。ただ債券の場合は、大勢の投資家を相手にした市場取引なので、発行した債券がいくらで売れるのかは、そのときの市場環境や投資家の動向に左右されるわけです。

　債券の価格は、額面金額100円当たりで表示されるのが日本での習わしです。発行価格が90円ということであれば、額面100円に対して実際の販売価格が90円ということですから、額面金額の総額が100億円の場合、

$$100億円 \quad \times \quad \frac{90}{100} \quad = \quad 90億円$$

が企業の調達金額ということになります。この場合、90億円を借りて100億円を返すということになるわけです。もっとも、一般的には額面100円がおよそ100円で販売できるように満期日やクーポンの利率などを調整して発行条件を決めていきますので、結果として発行価格はほぼ100円前後で決まるのが普通です。

　このように債券の発行条件が決められ、投資家がこれを購入する取引が行なわれる場が債券の発行市場です。その後、投資家同士で債券を転売していく流通市場での取引が始まります。こうした基本構造は株式市場と同じです。ただ、株式の流通市場はほとんどが取引所での取引でしたが、債券の場合は、取引所での取引もないわけではありませんが、基本的には相対で取引をしていく店頭取引が主流となっています。

　流通市場における債券の店頭取引では、主に証券会社同士が取引を行なう業者間取引市場が中心にあり、ここで債券価格の水準がおおむね決まっていきます。一般投資家は、取引証券会社を相手として、この業者間取引の価格水準を参考にしながら取引をしていくことになります。債券市場に限らず、取引所のない店頭取引では、こ

図表13 ● 店頭市場の二重構造

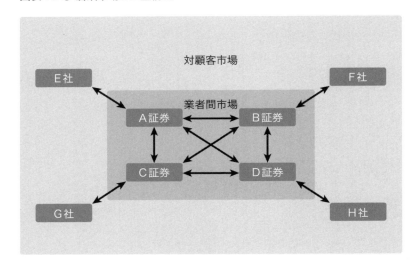

※業者間市場は、銀行が中心となる場合、「銀行間市場」と呼ばれる。

のように業者間取引市場の周囲に対顧客市場が広がる二重構造になっていることが一般的です（**図表13**）。

　さて、債券市場がなぜ店頭取引中心なのかというと、いろいろと歴史的な経緯もあるのでしょうが、基本的には、債券の種類や銘柄が多いこと、取引1件当たりの金額がかなり大きめであること、取引参加者がほぼ業者や機関投資家に限られており、個人投資家のような不特定多数の参加が見込まれないことなどから、相対で取引一つ一つの条件を決めていくやり方が馴染みやすいのだと思われます。

SECTION 4-3

債券と信用格付

●社債では発行体の信用力が最も重要な価値判定基準

株式に比べて、債券は比較的リスクの小さい安全資産と位置付けられることが多いと思います。もっとも債券だからといって一律にリスクが小さいというわけではありません。

ここで、まずは債券のリスクとは何かを考えてみましょう。投資対象としてみたときの債券のリスクは、いうまでもなく買った後にその価値が下がってしまうことです。では、債券の価値が下がる要因には何があるのでしょうか。

債券の価値が下がる要因には大きく2つのものがあります。1つ目は、債券の発行体が、決められた期日にクーポンや元本を支払えなくなってしまうリスクです。2つ目は、それ以外の要因、具体的には金利の変動によって債券価格が下がってしまうリスクです。まず、1つ目のリスクを取り上げます。

債務を約束どおりに支払うことができなくなることを**債務不履行**（**デフォルト**）といいます。一般的には企業の経営状態の悪化に伴って資金繰りがつかなくなることで引き起こされます。債券は将来の支払いを約束する証券ですから、このデフォルトはきわめて致命的なリスクといえます。また、実際にデフォルトに陥っていなくても、その恐れが高まるだけで投資家が敬遠し、債券価格は下がっていきます。これも発行体の経営状態の悪化によって引き起こされるリスクの一つと考えられます。

こうしたデフォルトリスク、あるいはデフォルトリスクの高まりで債券価格が下落するリスクを、まとめて**信用リスク**と呼んでいます。信用は、約束どおりに債務を支払ってくれることを信じるという意味ですから、信用リスクは、その信用が揺らぐことによるリスクということになります。信用リスクとは逆の意味で、信用力とい

う言葉もあります。こちらは、信用できる度合いを示すものです。ですから、「信用力が高い」は「信用リスクが小さい」と同義で、「信用力が低い」と「信用リスクが大きい」はやはり同じ意味になります。そして、安全資産とされるのは、信用リスクが小さい債券に限定されます。信用リスクが大きい債券は、当然のことですが、安全資産とはいえません。

一般に、先進国市場では、それぞれの国が発行する国債が最も信用リスクの小さい安全資産とみなされます。先進国のなかで最も財政状態が悪いといわれる日本も、その例外ではありません。

日本人として、日本の財政状況が本当はどのくらい悪く、それが将来どうなるのかという点についてはとても気になるところですが、良し悪しはともかくとして、実際の債券市場ではその点が意識されることはあまりありません。一方で、企業が発行する社債の場合は、発行体の信用力が最も重要な価値判定基準の一つになります。

債券は、銘柄によって発行条件が違うので単純な比較はむずかしいのですが、仮に同じ条件の債券があった場合、信用力の高い発行体が発行する債券は価格が高く、信用力が低い発行体が発行する債券は価格が安くなります。また、債券を発行した後で発行体の信用力が下がると、債券価格は下落することになります。

●格付会社は民間企業

債券市場では、そうした社債の信用力を評価するうえで、**信用格付**というものが広く利用されています。信用格付は、企業などの財務状態などを分析して信用力を評価し、それをランク付けしたものをいいます。一般的には、格付会社（または格付機関）と呼ばれる調査会社が公表しているものがよく使われます。信用格付は、誰にでも一目でわかりやすいように**図表14**のような簡単な記号によって表示されます。

図表14の上位に位置する記号がついた債券は**投資適格級**と呼ばれ、リスクが比較的低い債券とみなされます。下位の記号がついた債券は**投機級**と呼ばれ、俗称としてハイイールド債とか、ジャンク債（ジャンクは"くず"という意味）などと呼ばれることもあります。後に

図表14 ● 格付の体系

格付記号			信用力	信用リスク	分類
AAA		Aaa	高い	小	
AA+		Aa1			
AA		Aa2			
AA−		Aa3			投資適格級
A+		A1			Investment Grade
A		A2			
A−		A3			
BBB+		Baa1			
BBB		Baa2			
BBB−		Baa3			
BB+		Ba1			
BB		Ba2			
BB−		Ba3			
B+		B1			投機級
B		B2			Speculative Grade
B−	または	B3			("ハイイールド"もしくは
CCC+		Caa1			"ジャンク"などとも呼ばれる)
CCC		Caa2			
CCC−		Caa3			
CC		Ca			
C		C			
D		−	低い	大	

述べるように、リスクの高い証券が投資対象として魅力がないということには必ずしもなりませんが、投資をするには専門的なノウハウやリスク管理が必要で、プロ向けの投資対象ということにはなるでしょう。

　ちなみに、格付会社は民間の会社です。格付は投資家の利便のために発表されているものですが、だれが格付の付与に対してお金を払っているかというと、債券の発行企業が払っているのです＊。債券を発行しようとする企業は、投資家に幅広く債券を販売できるように、格付会社に格付の付与を依頼し、手数料を払います。

　こうした格付のビジネスモデルは、長く続けられてきたものですが、利益相反の危険をはらんでいます。債券の発行企業としては、自社の債券を良くみせて少しでもいい条件で発行したいので、より

＊ちなみに国は格付会社にはお金を払いません。国債にも基本的に格付はついているのですが、これは格付会社がお金をもらわずに勝手に付与しているものになります。

高い格付の付与を期待します。その発行企業からお金をもらっている格付会社には、投資家のためにではなく、発行企業のために甘めの格付を付与するインセンティブが存在するのです。格付会社のビジネスモデルは、長い目でみれば投資家の支持なしでは維持できないため、長年の実績を誇る伝統ある格付会社ではこうした利益相反が起きる可能性はそれほど高くないと思われるのですが、こうした仕組みとなっていることを理解しておくことはとても大切です。

さらにいえば、利益相反がないとしても、格付は一民間企業である格付会社の意見に過ぎません。もちろん利用できるものは効果的に利用すればよいのですが、格付会社の判断が間違っていることも考えられます。仮に格付会社の判断ミスで間違ってつけられた格付に従って投資して損失を出しても、その損失はあくまでも投資家の負担です。

実際に、2008年のリーマンショックに先立って、数多くの証券化商品（詳細は第8章参照）に対する格付が一斉に大幅に引き下げられるという出来事がありました。その結果、対象となった証券化商品の価格が大きく下落し、危機の拡大へとつながっていくわけですが、こうした事態が起こったのは、そもそも当初の格付がリスクを適切に反映したものになっていなかったことが大きな原因だと考えられています。

こうした事例が頻繁に起きるわけではありませんが、投資家は結局のところ自己責任で投資判断をしていかなくてはならないことはいうまでもありません。

SECTION 4-4
利回りと価格の関係

●投資家が求める利回りによって価格が決まる

　債券の価格変動は、信用リスク以外に、金利の変動によっても引き起こされます。信用リスクのことはひとまず脇に置き、信用リスクのない債券に投資することを考えます。その場合、投資家は何をもってある特定の債券を買おうとするのでしょうか。

　信用リスクのない債券は、いわゆる安全資産に位置付けられます。リスクを負わずに安全確実に運用したいという場合に投資対象に選ばれるものです。その場合、投資家は一定の運用期間で、それほど大きくはなくても確実な収益が得られることを期待するでしょう。

　債券の場合は、先ほども割引債のところで少し触れましたが、本来の金利であるクーポンのほかに、購入した価格と償還される額面金額の差も投資家の収益になります。99円で買って100円で償還されるなら1円の利益、101円で買って100円で償還されるなら、マイナス1円の利益（つまり1円の損失）というわけです。債券投資の収益を考える場合には、この2つの収益、つまりクーポン収入と、購入価格と償還価格の差額の両方を考慮する必要があります。そして、投資額（購入価格）に対するトータルの収益の比率を計算したものが最終利回り、またはたんに**利回り**といわれるものです。

　債券投資家がそれほど大きくはなくても確実な収益が得られることを期待するということは、債券に投資する際に一定の利回り水準を確保できるように取引するということを意味します。そして、期待される利回りの水準は、投資する期間によっても異なるはずです。つまり、投資家にとっては、1年なら1年、2年なら2年という具合に、投資期間に応じて特定の利回りが確実に得られることを期待して安全資産に投資するのです。

　たとえばいま、極めて信用力の高い銀行に期間2年の定期預金

を金利2％で預けられるとしましょう。ここで、同様に極めて信用力の高い発行体が発行する満期まで期間2年の債券があったとすると、投資家はその債券にも同じ2％程度の利回りを求めるはずです。もし2％以下の利回りしか得られないなら、わざわざその債券を買う投資家はいなくなります。そして、この2％という利回りは、ある特定の価格でその債券を購入することで実現します。

つまり、債券は投資家が求める利回りの水準に基づいて取引されていて、取引価格はそれを実現するように決まります。そして、投資家が求める利回り水準が変化すれば、その変化した後の利回りを実現するように価格が変化していくわけです。

●債券価格と利回りは逆の動きをする

このような債券の価格と利回りの関係は、債券投資の基本中の基本ですので、もう少し詳しくみていきましょう。結論を先にいっておくと、債券価格は利回りとは逆の動きをするということになります。

ここで満期まで期間2年の債券のクーポンが利率1％だとします。この債券を価格100円で購入すると利回りがいくらになるかというと、1％になります。利回りの計算にはいくつかのやり方がありますが、ここではむずかしく考える必要はありません。100円で買って100円で戻ってくるので、価格差による損益は発生せず、この債券に投資することで生じる利益はクーポン収入だけということになります。クーポンは額面100円当たりで年間1円（100円×1％）もらえます。債券の購入価格が100円であれば、この100円の投資に対して毎年1円ずつ利益が上がるので、利回りはちょうど1％ということです。

では、この債券を利回り2％で買うにはどうしたらいいでしょうか。固定利付債では、クーポンの利率と金額は固定されているので、ここは変わりようがありません。利回りを上げるためには、それ以外の利益を得なければなりませんが、それは100円よりも低い値段で債券を買うことで得られます。もし99円でこの債券を買えば、99円で買ったものが2年後に100円で戻ってくるので1円分が利

益になります。この1円分の利益は2年間で得られるものですから、単純に2で割って1年当たりに直すと0.5円です。これで、1年当たりの利益は、クーポン1円に加え、0.5円分が上乗せされたことになります。投資金額99円に対して、1年当たり1.5円の収益ですから、利回りはおよそ1.5%強にまで上がりました*。

これではまだ2%に届きませんから、さらに価格を下げて考えます。98円で買えば、98円で買ったものが2年後に100円で戻ってくるので利益は2円、1年当たりだと1円になります。クーポンとあわせて1年当たりの収益額は2円で、投資金額は98円ですから、利回りは2%を少し上回るでしょう。ですから、98円ちょっとの価格で購入できれば、債券投資の利回りはちょうど2%くらいになるはずです。

ここで債券の比較相手である2年定期預金の金利が1%に下がったとしましょう。1%の預金と比べたら、利回り2%の債券はとても魅力的となり、投資家の買いが殺到します。その結果、債券価格は上がっていくはずですが、その価格が100円まで上がったところで債券の利回りが1%に戻り、定期預金と同水準となります。ここで債券価格の上昇はストップするはずです。

このように、預金など他の安全な運用手段の金利水準が変われば、債券に求められる利回りもそれに応じて変化し、債券価格がそれを実現する価格に変動することになります。

ここでは、わかりやすいように客観的に比較可能な定期預金の金利水準を登場させて説明しましたが、実際にはこうした比較対象がいつも存在しているとは限りません。ただ投資家ごとに、たとえば期間10年の安全資産で運用するならこのくらいの利回りが必要だというような水準感があり、さまざまな水準感を持った投資家が取引を繰り返していくことで、債券市場としての利回り水準が形成されていくのです。

---

* ここでの説明は単利利回りという方法に基づいています。実務上は、それとは別の複利利回りが用いられることが一般的ですが、利回りと価格の基本的な関係はもちろん変わりません。

国債は、最も安全な資産と考えられ、最も活発に取引される債券です。したがって、国債の利回りは、いま現在市場で取引される安全資産の利回り水準を端的に示すものといえます。とくに満期までほぼ10年の国債利回りは、多くの国で長期金利の水準を示す"指標金利"として扱われています。

ちなみにいま、利回りと金利という2つの言い方が出てきましたが、基本的に利回りも金利の一種で、債券の場合はとくに利回りという言い方をすると理解してもらえばよいと思います。少々ややこしいのは、債券には利回りのほかにクーポンの利率というものも登場することです。いまの設例だと、1％というのがそれです。表面利率とか、クーポンレートと呼ばれています。これも金利には違いないのですが、これまでの説明どおり、これは債券に投資することで得られる収益の一部しか表現していないものであり、市場で意識される金利とは意味合いが異なります。したがって、重要なものはあくまでも利回りです。

さて、国債の利回り、あるいはそれ以外の金利（預金金利など）でも同様ですが、運用する期間が違えばその水準も異なるということでした。この期間ごとの利回り水準または金利水準を図示したものを**イールドカーブ**（利回り曲線）と呼んでいます（122ザ図表15参照）。このイールドカーブは、市場で取引される期間ごとの金利を全体的にとらえるものです。イールドカーブとしてとらえることによって金利の全体像は初めて理解できるといっていいでしょう。

SECTION 4 - 5

格付別イールドカーブ

●デフォルトリスクはどう債券価格に反映されるのか?

　ここで、再び社債に話を戻しましょう。社債は、デフォルトリスクのある債券です。そのデフォルトリスクの大きさは、おおむね格付によって示されています。

　投資適格級の債券は、デフォルトリスクがそれほど大きくないと判断された債券です。具体的にどのくらいかというと、これは格付によって変わりますが、おおむね年間でデフォルトする確率が1%以下というところでしょう。

　では、この確率は債券価格にどう反映されるのでしょうか。

　デフォルトというのは約束どおりに支払いができなくなる状況を指していますが、それはただちに債券が無価値になることを意味しません。普通、デフォルトになると企業は再建手続きに入り、債務の支払額をカットしたりしますが、だからといって全額を返済しないわけではなく、一部でも返済できる部分は返済するのが一般的です。この返済される部分は最終的には損失になりません。この返済される部分の債務全体に対する割合のことを回収率と呼びます*。つまり、この回収率以外の部分が損失になるということですね。したがって、回収率が30%と見込まれれば、損失率はそれを除いた70%になります。

　さて、デフォルトする確率が年間で1%あり、デフォルトしたときの損失率が70%としましょう。1%の確率で債券額面の70%が失われる可能性があり、2つを掛け合わせると0.7%という数字が出てきます。これが、この債券に投資したときに合理的に見積もる

---

* 最終的な回収率は確定するまでに時間がかかるのが普通です。そのため市場での取引では、見込みの回収率に沿って取引が行なわれます。

ことができる期待損失額です。ここで"期待"という言葉を使っていますが、何もデフォルトを期待しているということではなく、「合理的に予想される」というような意味合いだと考えてください。経済学や金融論ではこうした意味合いで"期待"という用語が使われます。

この期待損失分を穴埋めするためには、債券の利回りが、デフォルトリスクのない債券よりも0.7%分高くなっている必要があります。つまり、デフォルトリスクにちょうど見合う分だけ利回りが高ければいいということなのですが、このことの意味をもう少し詳しくみていきましょう。

ある特定の社債に投資した場合の投資成績は、発行企業が満期までのあいだにデフォルトするか、あるいは無事のままだったかで大きく2つに分かれます。仮に国債よりも0.7%高い利回りで社債を買ったとしても、デフォルトしてしまえば予想回収率30%として70%分の損失が発生するわけですから、わずか0.7%の追加利回りなど簡単に吹き飛んでしまいます。結局、発行企業がデフォルトするかしないかという二択で結果が左右されるだけであり、0.7%の追加利回りで本当にリスクをカバーできているようにはとてもみえません。

ですが、視点を変えて、単独の債券ではなく、多くの企業が発行するさまざまな社債に投資することを前提に考えれば様相は変わってきます。

仮に年間のデフォルト確率が1%の企業100社分の社債を保有しているとします。1社分で1億円、合計で100億円としましょう。そうすると、確率的には1年間で100社中の1社がデフォルトし、損失率が70%として7000万円が損失となります。しかし、全体の利回りが0.7%高くなっていれば、損失はこの0.7%分の追加利回りでほぼ相殺されることになります。

もちろんこれは確率的にみた話ですから、実際にそのとおりになるとは限りません。景気が大きく悪化すれば、100社中2社も3社もデフォルトするような事態も生じるでしょう。そうすれば、0.7%の追加利回りではやはり損失をカバーしきれません。ですが、短

期的にみればそのようなことが起きるとしても、長期的にみれば良いときと悪いときが中和されて、やがて追加の利回りでデフォルトによる損失がカバーされる確率がどんどん高くなっていくはずです。もちろんデフォルトする確率の見積もりが正しいものであることが前提です。

　投資は、とくに社債投資はそうなのですが、確率論でみなければならない世界なのです。確率論の世界だということは、その確率どおりの結果を得るためには、投資する銘柄でみても、投資する期間でみても、数多くの試行が必要となります。つまり、多様な銘柄に長期間投資し続けて初めて期待どおりの結果が得られる可能性が高まっていきます。

●社債のイールドカーブは格付ごとに複数ある

さて、ここまでは社債の追加利回りとデフォルトリスクが同程度という前提で話を進めてきましたが、社債はリスクのある資産ですから、リスクを嫌う投資家がさらに余分の追加利回りを要求するとしましょう。つまり、追加利回りがデフォルトリスクをカバーして余りある水準になっているということです。その場合、確率的にみれば、社債投資は国債投資に比べてより良い成績を残せることになります。

この余分に追加された利回りこそ、株式のところで登場したリスク・プレミアムにほかなりません。リスクのある社債投資には、このリスク・プレミアムがあるがゆえに、安全資産である国債よりも良い投資結果を得られる可能性が高くなると考えられるのです。実際に、実証的にもそうした傾向は明確にみられます。

少し前に、たとえ格付の低いジャンク債でも投資対象として魅力がないわけではないと述べましたが、どんなにデフォルトリスクが大きくても基本は同じです。デフォルトリスクをカバーして余りあ

図表15 ● イールドカーブのイメージ

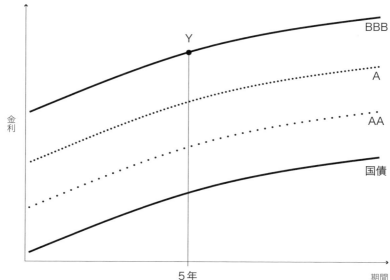

る追加利回りを持つジャンク債を数多く集めて投資すれば、デフォルトリスクが小さい債券を上回る投資成績を残せる可能性が高くなります。

　さて、発行体企業がデフォルトに陥る確率は大まかに格付に応じて水準が異なりますから、社債に求められる追加の利回りのレベルも格付に応じて異なったものになります。信用力が非常に高い最上位のAAA（トリプル・エー）格であれば、デフォルトする確率が非常に低いわけですから、追加的な利回りはほとんど必要ありません。投資適格級の下のほうに位置するBBB（トリプル・ビー）格であれば、ある程度のデフォルト確率が見込まれるので、追加的な利回りがもっと必要です。

　こうした社債投資で求められる追加利回りのことを**クレジット・スプレッド（信用スプレッド）**といいます。このクレジット・スプレッドは、格付ごとにおよその水準が分かれています。安全資産である国債の利回りにこのクレジット・スプレッドを上乗せしたものが社債に対して求められる利回り水準ということになります。つまり、社債のイールドカーブはおおむね格付ごとに複数のものが存在します。**図表15**のように、いちばん下に国債のイールドカーブがあり、その上にクレジット・スプレッドが上乗せされた格付ごとのイールドカーブが、格付の順番に従って並んでいるイメージです。

　満期までの期間が5年、格付BBBの債券があったとして、その債券に対する投資家の要求利回りは図表15のYとなります。ですから、債券価格はこのYという利回り水準を実現するように決定されることになります。

SECTION 4-6
長期金利は経済の体温計

●長期金利は将来の名目経済成長率に沿って決まる

　前述のとおり、主要先進国では、基本的に10年物国債の流通利回り（流通市場でいま取引されている利回り）が長期金利の指標とされています。経済ニュースなどでは株価と比べて取り上げられることは稀ですが、実際にはとても重要なものであり、日本経済新聞のマーケット欄では小さいながらもその動向が毎日掲載されています。

　短期金利や金融政策も絡めた金利全般の話は次章であらためて取り上げますが、本項では長期金利に絞って、それがなぜ重要なものなのかをみていきたいと思います。

　よく「長期金利は経済の体温計」といわれます。体温は、高すぎても低すぎてもよくありません。経済においても、高熱にうなされる状態や低体温症に苦しむ状態があり、そうした状況を端的に示すのが長期金利と考えられるのです。

　経済における高熱とは、経済活動が活発になりすぎて、バブルが発生したり、インフレが起きたりする状況のことです。こうした状況に直面すると、長期金利は大きく上昇し、経済が過熱していることを知らせます。

　経済における低体温症は、逆に経済活動が不活発で、深刻な景気後退に陥ったり、デフレが生じたりする状況です。この場合、長期金利は低迷し、異常を知らせてくれます。

　なぜ長期金利が経済の体温計の役割を果たすのかというと、長期金利は将来の名目経済成長率に沿って決まると考えられているからです。もちろん将来の成長率は現段階では断定できないので、その予想に従って長期金利は動いていくことになります。

　経済成長率は、一般に景気の良し悪しをみるときには物価変動の影響を取り除いた実質経済成長率でみますが、これに物価上昇率を

足し合わせたものが名目経済成長率です。実際にわれわれが肌身で感じる現実の金額ベースの値ということになります。

●名目経済成長率は最も中立的で安定した金利水準

なぜ長期金利が将来の名目経済成長率に沿って決まるのかという点については、いくつか理論的な説明も用意されていますが、ここではそれほどむずかしく考える必要はありません。要するに、利益や所得の伸びを表す名目経済成長率よりも金利が高くなると金利の負担が重くなりすぎ、逆に低くなると安易な借入を助長してしまうので、名目経済成長率とほぼ同じ水準の金利が最も中立的で安定した金利水準になるという具合に理解すればいいでしょう。実際の金利がこの中立的な金利と一致する保証はありませんが、長い目でみればおおむねそれに沿って動くはずと考えられます。経験的にみても、長期金利はおおむね名目経済成長率に沿うようにして推移しています。

ですから、経済活動が活発になるとまず実質経済成長率が上がるので、景気拡大予想は長期金利の上昇要因となります。さらに経済活動が過熱気味になるとインフレ率が上がってきますから、そうした予想が増えるとやはり長期金利の上昇要因になります。ある程度の長期金利上昇は経済が好調であることを示すバロメータとなりますが、急上昇は行き過ぎに対する警戒信号となります。

逆に経済活動が低迷すると予想され、デフレが懸念される状況では長期金利は大きく低下していきます。

実際の事例をみてみると、2019年9月現在で、日本の10年物国債利回りはマイナス0.2％を少し下回る水準となっています。この水準は、次章で述べる日銀の金融政策の影響を強く受けているので、本章で述べてきた一般的な長期金利の解釈が必ずしも成り立ってはいない可能性もあるのですが、そのまま解釈すれば、日本経済は今後10年程度にわたって低迷するか、デフレに陥るか、あるいはその両方によって名目経済成長率がマイナスの状態が続くと予想されていることを示します。債券市場が医者であるとすると、日本は低体温症に陥る可能性が高いと診断されていることになります。

ちなみに同時期の米国 10 年物国債利回りは、プラスの 1.6％前後です。こちらはずいぶんと日本よりも高いですね。日本に比べればまずまずの経済成長や緩やかなインフレが予想されていることが示されています。

　ただし、米国の長期金利は 2018 年秋ごろから比べると 1.5％以上も下がっており、これは金利の変動としてはかなり大きい動きです。また、水準からいってもこの水準は米国の長期金利としては歴史的な低金利といえます。つまり米国でも、絶対値では日本ほどではないとしても、将来の景気の低迷やインフレ率の低下に対する懸念が急速に強まっていることがわかります。

　さらにいえば、こうした長期金利の低空飛行は世界的な現象です。その背景については次章であらためてみていきますが、こうした傾向は世界経済にかつてない構造変化が起きていることを示唆しています。

　いずれにしても、健康状態の診断にまず体温計による体温の測定が必要なように、経済状況の診断には長期金利のチェックが欠かせないものなのです。

COLUMN
変わり種の債券たち

　債券には実にさまざまな種類があります。

　たとえば、そもそも債券は企業など発行体にとって負債の調達手段ということでしたが、実際には負債と資本の中間的な要素を持った**ハイブリッド債**や、負債として発行されたものが途中で資本に切り替わる効果を持つ転換社債といったものもあります。

　負債と資本の違いは、事業で損失が発生したときにも返済しなければいけないか、返済義務は生じないので損失を吸収するバッファーとなり得るかという点にありました。ただし、債券のなかには劣後債と呼ばれるものがあります。債券なので、利息の支払いや元本の返済期日は明記されているのですが、発行体企業が破綻などした場合、劣後債ではない普通の債券の保有者に対する返済がすべて終わらないと劣後債の保有者への返済が行なわれないようになっています。返済の優先順位が普通の債券に劣後するから "劣後" 債というわけです。劣後債に対して、普通の債券は "優先" 債と呼ばれます。

　たとえば企業を清算するケースでは、残余財産からまず優先債の債務が優先的に返済され、続いて劣後債の債務の返済が行なわれ、最後に余ったものが株主に配分されることになります。劣後債は、債券のなかでも少し株寄りの性質を持っていることになります。

　ちなみに、劣後債は優先債に比べてリスクが高いわけですから、その見返りがないと投資家を引き付けられません。ですから、優先債と比べてクーポンレートが高めに設定されることになります。

　銀行などが発行する CoCo 債（ココ債、Contingent Convertible Bonds、偶発転換社債）というものもあります。これは、劣後債よりもさらに資本としての性質を強めて損失吸収力を高めたもので、発行する銀行の財務状況が悪化すると元本が減額されたり、強制的に株式に変換されたりする債券です。これもハイブリッド債の一つと位置付けられます。

　CoCo 債の日本語名 "偶発転換社債" の後半部分にある転換社債は、一般的には債券として発行され、後に投資家の請求によってあらかじめ設定された価

格で株式に変換できる債券を指します。日本での正式名称は"転換社債型新株予約権付社債"です。CoCo債と違って、投資家が選択権を持っているので、株価が上がらなければ債券のまま保有し、株価が上がれば株式に転換するといった良いとこ取りが可能になる債券です。

　企業からすると、いったん負債として集めたお金が、株価の上昇に従って資本へと少しずつ振り替わっていくことになります。

　別の種類の債券に目を向けると、一般的な債券では元本は満期日に一括して償還されますが、そうではない債券もあります。第8章でみる証券化商品に属するパススルー型RMBS（Residential Mortgage Backed Securities）という種類の債券がそうです。RMBSというのは、住宅ローンを集めてきて、それを裏付資産として発行する債券なのですが、裏付資産から発生するキャッシュフローがそのまま投資家に渡されるような仕組みになっていて、だから"パススルー"と呼ばれています。

　一般に住宅ローンは、毎月利息の支払いに合わせて元本も少しずつ返済していく形になっています。したがって、裏付資産のキャッシュフローがパススルーされるRMBSも少しずつ元本が減っていきます。さらに住宅ローンでは、ボーナスや退職金が入ったときとか、あるいは低利で借り換えができるときとかに、当初の予定よりも早く元本を返済することができます。そうすると、RMBSでもその分元本が繰り上げ償還されることになります。つまり、元本の償還が一括ではなく、しかも裏付資産である住宅ローンの実際の返済状況によって元本の償還スケジュールが変わってくるというユニークな特徴を持つ債券なのです。

　こんな奇妙な債券を投資家が果たして購入するのかというと、現実にこのRMBSは非常によく発行され、多くの投資家が好んで投資をしています。とくに米国では非常に長い歴史を持ち、国債に次いで活発に投資される債券となっています。日本でも住宅金融支援機構が同様のRMBSを発行しており、こちらもやはり活発に取引されています。

　債券には、ここで触れた以外にもさまざまなものがあり、そのそれぞれがユニークな特徴を持っていて、とても奥深い世界を形づくっているのです。

第 **5** 章

金利を理解しよう

金利は、まさに金融のかなめです。
ゼロ金利やマイナス金利を抜きに現代の金融は語れませんし、
株式市場や為替市場の相場動向を理解するうえでも
金利の知識は欠かせません。
本章では、その金利についてしっかりと理解を深めましょう。

SECTION 5-1

金利はマイナスには
ならないはずだった？

●金利がマイナスになることはあり得ないはずだった

　金利は、あらためていうまでもありませんが、お金を借りたときに支払うコストです。住宅や自動車をローンで購入するときにこの金利の高低が大きく響いてきますし、企業が銀行借入や社債発行で設備投資を行なう際にもその水準には十分に注意しなくてはなりません。それと同時に、手元に現金を置いている場合を考えると、それを運用に回していたら得られたはずの金利を得られないことになりますから、金利は現金を保有することのコスト＊を表してもいます。金利は、消費行動や投資活動、現金を含めてどのような資産を保有すべきかという資産選択などに大きな影響を与えるファクターなのです。

　従来、金利の水準というものは一方的に上昇や低下を続けることはなく、プラスの一定範囲内でゆったりと上下するものと考えられてきました。そして、歴史的にもそれが普通のことでした。インフレが昂進したりすると金利は跳ね上がりますが、それは異常事態であり、長くは続きません。逆に景気後退期などでは金利は下がりますが、それにも限度があり、金利がゼロになったり、ましてやマイナスになったりすることはあり得ないと長いあいだ考えられてきたのです。

　たとえば昔の金融の教科書には、ごく当たり前のように金利はマイナスにはならないと書かれています。これは金利の非負制約といわれ、とくに議論の必要もない常識とされてきました。

＊運用すれば得られるはずの金利を犠牲にして現金を保有していることになります。この得られるはずのものを代償とすることを機会コストといいます。

●現状は過去に例をみないまったく新しい金融環境

　そんな金利の下限がどのくらいかは国によってさまざまでしょうが、長期金利でみると1619年にイタリアの都市国家ジェノバの国債利回りが1.125％にまで下がったのが、長いこと史上最低金利とされてきました。

　ところが、1998年の9月に日本の10年物国債利回りがジェノバの記録を下回ります。そしていまでは、かつてはあり得ないとされたゼロ金利やマイナス金利が世界中に広がっているのです。2019年8月時点で、世界の国債市場のなんと約25％がマイナスの利回りで取引されています（**図表16**）。

　このような金利の歴史からみると、われわれが現在、過去に例をみないまったく新しい金融環境のなかにいることは明らかです。そして、歴史を参考にすることができないので、いまの金融環境が結果として何をもたらすのかについても、本当のところはよくわからないといっていいでしょう。

　いずれにしても、金利の消滅、もしくはマイナスへの転化は、金

図表16 ● 日米独の長期金利推移

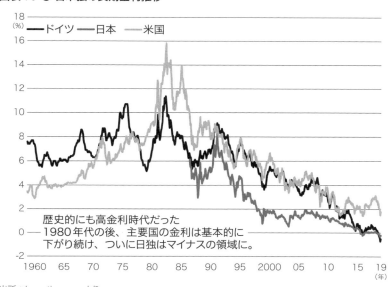

歴史的にも高金利時代だった1980年代の後、主要国の金利は基本的に下がり続け、ついに日独はマイナスの領域に。

出所：Investing.comより

第5章 金利を理解しよう

融史において極めてインパクトの大きな出来事だったわけです。ただし、金利にはさまざまなものがあります。どんな金利がゼロになったり、マイナスになったりしているのか、そしてそれはなぜなのか、こうしたことを理解するには、まずさまざまな金利について知る必要があります。

SECTION 5-2
短期金融市場と債券市場

●銀行が資金繰りのために行なう銀行間資金取引

　前章では債券市場をまず取り上げました。債券市場は、いうまでもなく債券を売買する場ですが、同時にそこで債券利回りという長期金利の一種が形づくられていきます。とくに10年物国債の利回りは多くの国で長期金利の指標として扱われているということでした。

　債券市場以外にも、市場での取引を通じて金利水準が形成されていく重要な金利の市場がもう一つ存在します。それが**短期金融市場**（マネー・マーケット、Money Market）です。"短期"という言葉のとおり、こちらは1年以内の短期間で、主に金融機関や機関投資家などがお金を貸し借りする市場です。そして、そこで形成される金利が短期金利です。なお、短期金融市場と債券市場はまったくバラバラな存在ではなく、お互いがお互いに強く影響を与えながら取引が行なわれていきます。

　短期金融市場にはいくつかの取引種別がありますが、重要なものとして、銀行間資金取引とレポ取引を取り上げましょう。

　銀行間資金取引は、銀行が資金繰りを行なうためにお互いに資金を貸し付けたり借り入れたりする取引です。日本国内では、コール市場というものがそれに該当します。そのなかでも、**無担保コール翌日物**という取引が最も重要な取引とされています。"翌日物"というのは、今日借りて明日返すという1日限りの取引を指します。無担保という言葉もついているので、担保なしで今日から明日までの1日だけ銀行間でお金を貸し借りする取引ということになります。

　銀行は、毎日巨額の資金が出たり入ったりするので、日々資金繰りを忙しく行なっています。資金がショートすればデフォルトに陥

って大変な事態になりますし、資金を無駄に余らせてしまえば利益が減ってしまいます。そのために、資金を機動的に調達・運用できるコール取引がとても大切な役割を果たしているのです。

●債券を担保にお金を貸し借りする取引

短期金融市場におけるもう一つの重要な取引である**レポ取引**（Repo、正式には Repurchase Agreements）は、**図表 17** のように、ある債券をいま 101 円で売って、1 か月後に 101.2 円で買い戻すというような売り買いをセットで行なう取引です＊。

何のためにそんなことをするのかというと、売り手にとってみれば、債券を売ったときにお金が入り、債券を買い戻したときにお金が出ていくので、手持ちの債券を相手に担保として差し出してお金を借りているのと同じ効果を持ちます。同じ取引を相手方からみれば、債券を担保にとってお金を貸しつけているのと同じです。レポは、特定の債券そのものを貸したり借りたりする目的でも行なわれることがありますが、一般的には債券を担保にお金を貸し借りする取引だと理解することができます。

日本国内の制度をみてみると、やや面倒なことに、レポ取引に相当する取引として、債券貸借取引と債券現先（げんさき）取引という似たような 2 つの制度があります。経済的な効果は基本的に変わらないのですが、契約上は、債券貸借が文字どおり債券を貸し借りする取引であるのに対して、現先はあくまでも債券の売買契約という形をとっています。後者の現先のほうが本来の（欧米の）レポ取引とほぼ同じ契約形態なのですが、日本では歴史的な経緯から貸借取引が先に発展して、後に現先が続き、結果として 2 つの制度が併存する形となっています。

さて、ここからは国内の制度のことは脇に置いて、たんにレポということで話を進めますが、このレポ取引でお金を貸し借りするときの金利がレポレートです。レポレートは担保付きでお金を貸し借

＊ 債券ではなくても株でも取引可能ですが、ここでは、より一般的な債券を中心に説明しています。

図表17 ● レポ取引の仕組み

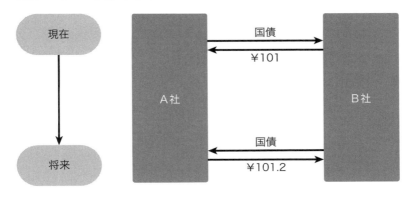

セットで行なう
① いま、A社はB社に、国債を101円で売る。
② 将来の特定の期日に、A社はB社から国債を101.2円で買い戻す。

↓

**A社はB社から国債を担保にお金を借り、
0.2円分の利息を払っているのと同じこと。**

りする金利ですから、無担保でお金を貸し借りする無担保コールのレートよりも低くなるはずです。相手がデフォルトに陥っても、自分の手元にある債券を売却して債権回収に充てることができるので、貸倒損失が発生する可能性が低くなり、金利もその分低くなるというわけです。

さて、銀行間資金取引やレポ取引が行なわれる短期金融市場は、次の点でとても重要な役割を果たしています。

まず、短期金融市場で形成される金利水準は、銀行等の金融機関にとって資金を調達するときのコストの基準となるものです。銀行の貸出金利は、この基準となる短期金融市場の金利水準に、銀行の収益となる一定の追加利回り(スプレッド)を乗せて決定されます。一般顧客の預金金利もまた、短期金融市場の金利水準をもとに、一

定のコストやマージン（利益）分を差し引いて決定されます＊。預金者
や企業にとって身近な各種の金利は、短期金融市場で取引される金
利水準がもととなっているということですね。

　次に、後述する金融政策が主に対象としているのがこの短期金融
市場であるという点も重要です。金利の動向はあまり経済ニュース
でも取り上げられないと述べましたが、金融政策だけは別です。金
融政策は株価や為替レートに大きな影響を与えるので、経済ニュー
スでも大きく取り上げられます。その金融政策が発動される主要な
場が短期金融市場なのです。

＊一般預金金利は、政策金利や市場金利とは違って非負制約が強くかかってお
　り、短期金融市場の金利がマイナスになっても一般預金金利をマイナスにす
　ることは困難なので、現状ではこの関係は成り立っていません。ただし、欧
　州などでは一部、預金に残高に応じた手数料を賦課する事実上のマイナス金
　利を導入する銀行も現れています。

SECTION 5-3

金利水準はどう決まるのか

●景気動向、インフレ、金融政策の影響

　前章では、長期金利がおおむね経済の名目成長率の予想に沿って動くという話をしました。ここでは、短期金利も含めて、金利の決定メカニズムをもう少し詳しくみてみましょう。

　金利は、お金を借りるときのコストですから、お金を借りる人が増えれば、需給の関係で金利が上昇すると考えられます。景気が良くなれば、お金を借りて住宅や自動車を買う人が増えたり、お金を借りて設備投資をする企業が増えたりしますから、金利は上昇するはずです。逆もまた真なりで、景気が悪化すればお金を借りる人も少なくなり、金利は低下していきます。

　これが、いわば教科書的な金利決定メカニズムの基本ですが、現実の金融市場はあまりにも規模が大きくなりすぎて、実体経済における資金の需給が金利水準に与える影響はかなり限定的となっています。たとえば、金利が低下すると企業の社債発行が増えることが多く、理屈のうえではそれが金利上昇に結びつくはずですが、実際には社債発行が相当増加したとしても、巨大な債券市場では簡単に吸収されてしまい、それだけで金利水準が大きく上昇するということは滅多に起きません。そのため、実体経済における資金需給そのものが直接金利水準を変化させるというよりも、将来の景気動向の予想や、それにもとづく資金需給の変化に関する予想によって金利が動くという側面が強くなっているといえます。

　次に、物価のことを考えましょう。

　前提として、手元にある100万円を預金に預けると1%の金利がつき、1年後に101万円になる状態を考えます。預金をすれば100万円が101万円に増えるわけですから、金額でみた価値は増えています。これが名目価値です。

ここで、物価上昇率が2％であるとします。あるクルマをいま100万円で買えるとして、1年後にはまったく同じクルマの価格が102万円になっているということです。いまなら手持ちの100万円でクルマ1台が買えますが、1年後でみると、車の値段は102万円に上がっているので、預金することで名目上は増えた101万円ではクルマ1台分に少し足りなくなってしまいます。このようにお金で買えるモノの観点からみた価値が、実質価値です。

　預金やお金を貸したりするときには、この実質価値を考えなければなりません。上記のような状態なら、預金や貸出をすればするだけ、時間とともに実質価値が目減りしていくことになります。

　実際のところ、たとえ相手が信用力の高い絶対に安全な先であったとしても、一定の金利で預金をしたりお金を貸したりすることにとって、長期的にみていちばん大きなリスクはこの物価上昇のリスクなのです。予想外の物価上昇が起きれば、預金や貸出の実質価値は失われることになります。つまり預金や貸出はインフレに弱い資産ということです。債券もお金を貸すという点では変わりませんから、基本的に債券にとってもインフレが大敵です＊。

　こうしたインフレによる実質価値の目減りを防ぐためには、それ以上の金利をもらうしかありません。とはいっても、将来のインフレ率は現時点では予想することしかできませんから、金利は将来のインフレ率予想に大きく左右されることになります。

　最後に、金融政策の動向も金利水準の決定には大きな影響を与えます。

　金融政策については、この後に詳述しますが、一般に短期金利を高めに誘導しようとすることを金融引締といいます。主に景気が過熱してインフレが止まらなくなるリスクを予防するために行なわれます。逆に短期金利を低めに誘導しようとするのが金融緩和で、主に景気の落ち込みを防ぎ、デフレを回避するために行なわれます。

＊ただし、インフレに影響を受けないように設計された物価連動国債のような債券もありますし、インフレに伴って発生するであろう金利高でクーポンが増加する変動利付債もあります。

結局のところ、景気が良くなりすぎてインフレの懸念が生じたときに金利が上がり、景気が悪くなってデフレの懸念が生じると金利が下がるという基本的な図式は先述のとおりなのですが、金融政策は次に述べるように日銀などの中央銀行が実施するものなので、その中央銀行が景気や物価の動向をどう予測しているのか、どのように金融政策を行なっていこうとしているのか、といったことに金利水準、とくに短期金利の水準が大きく左右されることになります。

●短期金利と長期金利の関係

短期金利と長期金利の関係についても簡単にみておきましょう。たとえば期間1年の短期金利が1％だとします。金融政策は今後数年にわたって変更がないと予想されているとすれば、金融政策に大きく影響を受ける短期金利の水準もおそらく大きくは変わらないはずです。つまり、1年後においても1年金利は1％から大きく変わらない水準となることが予想されます。このようなときに、いまの2年金利は大体どのくらいの水準になりそうでしょうか。

仮に2年金利が2％だったとしたら、この金利でお金を借りる人はなかなかいないと思います。なぜなら、2年間お金を借りたいと思っている人でも、いまから1年後まで1％でお金を借り、1年後に残り1年間お金を借りれば、通算で2年間お金を借りたことになります。1年後の1年金利が予想どおりに1％なら、1％×2年分の金利支払で済むことになり、2％で2年の借入をするよりはるかにお得です。

こうした借り換えを前提とした資金調達では、1年後の1年金利が本当に予想どおりになるかという点でリスクはあるのですが、仮に1年後の1年金利が3％にまで急上昇したとしても、2％で2年の借入とほぼチャラになるだけです。

このように考えると、いまの2年金利は、いまの1年金利と1年後の1年金利の予想値の平均あたりに落ち着くはずです。もし1年後の1年金利が1％程度と予想されているなら、2年金利は、いまの1年金利1％と1年後の1年金利予想1％の平均である1％近辺になるということです。もし1年後の1年金利が2％くらいにま

で上がりそうだと予想されているなら、2年金利はおよそ1.5%近辺になるでしょう。

　この考え方は、基本的にはもっと長い期間の金利についてもいえます。ですから10年金利は、今後10年にわたる短期金利の変動予想の平均あたりに落ち着くはずということになります。もっとも、期間が長くなればなるほど、借り換えに伴う不確実性は増えていくので、厳密にこの関係が成り立つことは次第にむずかしくなっていきますが、基本的にはこうしたメカニズムがベースとなって長期金利の水準が形成されていくと考えられます。

　ただ、短期金利は足元の金融政策の方向性に大きな影響を受けるということですが、たとえば10年にわたる金融政策の方向性を正確に予想することはなかなかむずかしいでしょう。期間が長くなればなるほど、金融政策の方向性が変化して金融引締や金融緩和などが交互に繰り返される可能性が高くなるので、足元の金融政策の方向性の影響は薄れていくと思われます。結果として、長期金利は、短期金利ほど金融政策の影響をダイレクトには受けず、経済全体の基調的な成長率や趨勢的なインフレ率の予想に、より大きな影響を受けやすいと考えられます。

　もっとも、次項以下で登場する非伝統的な金融政策では、政策当局が長期国債を買い入れたり、その利回りに目標水準を設定したりすることが行なわれています。従来は金融政策の影響が及びにくいとされた長期金利においても、近年では金融政策が直接的な影響を及ぼすケースが増えてきているわけです。ただしその場合、本来は自由に取引される結果として形成されるべき長期金利が政策当局に人為的に誘導されることとなり、経済の体温計としての長期金利の機能が低下することが懸念されます。

SECTION 5-4

金融政策の手段とその変遷

●金融政策の主要目的は物価安定

金融政策は、一般に中央銀行が担います。日本では、日本銀行、略して日銀です。なぜ政府ではなく中央銀行が担い手なのかというと、政府には過度に金融緩和をしてしまう危険性があるためです。金利を引き下げると、お金を借りやすくなり、消費や投資を活発化して景気を下支えします。ですから、そうすることで政府に対する支持を拡大しようというインセンティブが働くのです。

しかし、金融緩和をし過ぎると、景気過熱からインフレを招いたり、バブルの発生を助長したりすることになりかねません。それを防ぐためには、中央銀行に政府からは独立した権限を与え、責任をもって金融政策に当たらせることが有効と考えられます。"中央銀行の独立性"という考え方ですね。実際には国によって中央銀行の独立性の程度には差があり、場合によっては中国のように政府が金融政策を主管している国もありますが、日本を含む主要先進国ではおおむね中央銀行が政府からは独立して金融政策を行なう仕組みが採用されています。

金融政策の目的は、これも国によって多少差があるのですが、たとえば日本では物価の安定がその目的に定められており、これがいちばんの基本です。米国などでは、これに雇用の安定が加わります。

さて、物価の安定については、歴史的にみると、その意味合いが大きく変わってきています。かつてはインフレを抑えることこそが物価の安定につながると考えられており、政府の圧力をはねのけてインフレに毅然と立ち向かう"インフレファイター"としての役割が中央銀行に求められることが多々ありました。しかし近年では、デフレのリスクを抑制することが物価の安定として意識されるようになっており、デフレリスクを克服するために、時に政府とも協力

しつつ、後述する量的金融緩和やマイナス金利政策など非伝統的政策手段が次々に採用されるようになっています。

　物価の安定という言葉自体はやや漠然としたものですが、具体的な数字としてインフレ目標が定められるケースも増えています。こうした目標設定は、**インフレ・ターゲット政策**と呼ばれています。日本でも消費者物価の前年比上昇率2%が目標に掲げられており、いってみれば「緩やかなインフレ状態」を目指していることになります。インフレ目標を定める国の多くで、この2%という数字が採用されています。

　現実には、日本をはじめとして、実際のインフレ率がこのインフレ目標に達していない国が多く、したがって緩和的な金融政策を継続している国が多いというのが現状です。

　以下では、金融政策の具体的な手段についてみていきましょう。とはいっても、この20年ほどのあいだ、金融政策の手段は大きく変わってきています。かつては存在しなかった新手の金融緩和策も登場しています。まずは従来、金融政策の基本形と考えられてきた伝統的金融政策のあらましをみた後に、この20年で新たに加わった非伝統的な金融政策についてもみていきましょう。

●伝統的金融政策

　伝統的な金融政策では、中央銀行が金利水準を誘導することで経済活動の調整を図ることに主眼が置かれています。金利が高くなればお金を借りにくくなり、経済活動の過熱が抑えられて、インフレのリスクを減らすことができます。一方で、景気が悪くなったときには、金利水準を引き下げることでお金を借りやすくし、経済活動を活性化していきます。

　とはいっても、民間のお金の貸し借りの条件を、たとえば日銀が一方的に押し付けることはできません。そこで日銀はどうするのかというと、さきほど登場した無担保コール翌日物の金利水準が一定のレベルになるように誘導していくのです。いま現在、日本ではこうした伝統的な金融政策は採用されていませんが、本来の金融政策の姿ということでこのままみていきましょう。

さて、無担保コール翌日物は市場で取引されるものですから、その金利も基本的には市場取引で決定されていくのですが、日銀は「無担保コール翌日物レートの誘導目標」を設定し、市場での取引金利がこの水準に落ち着くようにしていきます。一般に政策金利という場合、この無担保コール翌日物レートの誘導目標のことを指します。

ちなみに米国では、いまでも基本的にこの伝統的金融政策の手法が採用されており、日本の無担保コール翌日物レートに相当するフェデラルファンド・レートについて、中央銀行である連邦準備制度理事会（FRB）がその誘導目標を定めています。これが米国の政策金利というわけです。

では、市場金利である無担保コール翌日物等のレートを目標水準にどうやって誘導するのかというと、中央銀行が民間銀行の保有する国債などを買い取ることによって民間銀行の保有資金量を増やしたり、あるいはその逆のことを行なうのです。これを**公開市場操作**（オペレーション、あるいはたんにオペ）といいます。

こうした公開市場操作の結果、銀行の保有資金が増えると、その分、他の銀行から借入をする必要がなくなり、資金需給が緩んで無担保コール翌日物の取引金利は下がっていきます。逆に銀行の保有資金が減ると、借入のニーズが高まって無担保コール翌日物の取引金利は上がっていきます。要するに、公開市場操作を通じて資金の需給を調整し、コール市場の取引金利が目標水準に落ち着くように誘導するのです。

この場合、日銀が直接コントロールしようとするのは無担保コール翌日物という特定の取引の金利だけですが、この金利水準は銀行の資金調達コストに直接影響を与える重要な金利であるため、預金金利や貸出金利もそれに追随して動くようになり、世の中全体の金利水準に大きな影響を及ぼすことができるのです。

●非伝統的金融政策とは何か

日本のようにデフレ、あるいは低インフレの環境が長引くと、政策金利の引き下げが繰り返され、次第にその水準がゼロに近づいて

いきます。普通に考えて、金利はゼロより下にはなりません。金利がマイナスということは、お金を貸した人が損をするということですから、だったら誰もお金を貸さなくなってしまうはずです。

つまり、デフレ圧力が続くなかで、金利を下げたいけれどこれ以上は下げられないという水準に近づいていくのです。

こうした金融政策の限界を突破するための新しい手段が非伝統的金融政策と呼ばれるものです。これにはさまざまなバリエーションがありますが、大きく分けると**量的金融緩和政策**と**マイナス金利政策**があります。これらに加えて、**フォワード・ガイダンス**という考え方が併用されることも多くなっています。

量的金融緩和政策は、金利はもうこれ以上は下げられないのだから、金利の水準ではなく、世の中に出回るお金の量を増やすことを目標にしようというものです。これに対して、マイナス金利政策は、一般にはゼロを下回らないとされている金利を強引にマイナスにしてしまおうという政策です。また、フォワード・ガイダンスは、金融政策の先行きの方向性を示すことで、その効果を高めようとするものです。

●非伝統的金融政策その1 —— 量的金融緩和政策

量的金融緩和政策は、金利水準ではなく、お金の量を目標にする政策です。お金の量といってもいろいろな測り方がありますが、たとえば2013年に実施された日銀の金融政策（「量的・質的金融緩和政策」と呼ばれる政策）では、マネタリーベースと呼ばれるものを一定のペースで増やしていくことが盛り込まれました。マネタリーベースとは、一言でいうと「日銀が民間に供給する通貨」のことで、世の中に流通している現金残高と、銀行が日銀に預けている日銀当座預金残高を合計したもので測られます。ちなみに日銀当座預金は、銀行が毎日、巨額の資金を動かした結果の帳尻が集まるところで、いわば銀行にとっての財布のような役割を果たしています。

このマネタリーベースを増やす具体的な手段としては、銀行が保有する国債などの資産を日銀が買い入れるというやり方が典型例です。国債などの買入代金は、売り手の銀行の日銀当座預金に振り込

まれるため、このときに日銀から通貨が供給されていることになるのです。これは先ほどの伝統的金融政策のオペと同じ仕組みですが、今度は金利の水準ではなく、通貨の供給量を目標に行なわれる点が違っています。結果として、金利を誘導することを目標に行なわれるのに比較して、一般に、より大量の国債を買い付けることが多くなります。

　日銀当座預金は、先ほども触れたように銀行にとっての財布のようなものです。銀行が顧客から受け入れている預金残高に応じて一定の残高を維持することが義務付けられていますが、その水準を上回った残高はいつでも自由に引き出して使えるお金になります。それを巨額に積み上げれば、銀行もあり余ったお金の一部を新規の貸出等に使うことになるでしょうから、世の中に出回るお金の量も増えて経済活動を活発にすることが期待されるわけです。

　もっとも、本当にこの量的金融緩和政策が期待どおりの効果を持つのかについては議論の余地があります。こうした政策は、日本だけでなく、米国や欧州でも採用されました。たとえばいまは伝統的金融政策に回帰している米国でも、2008年に起きた金融危機後に、3回にわたって量的金融緩和政策が実施されました。量的緩和を意味する英語のQuantitative Easingの頭文字をとって、それぞれQE1、QE2、QE3などと呼ばれます。これらの経験からすると、量的金融緩和政策にはデフレ懸念の抑制や株式市場への好影響など一定の効果があったとは考えられていますが、日本で物価安定の目標である前年比2％の物価上昇がまだ達成されていないことからもわかるとおり、デフレ懸念を完全に払しょくするまでには至っておらず、効果は限定的であるとの評価もあります。

●非伝統的金融政策その2——マイナス金利政策

　マイナス金利政策は、文字どおり金利をマイナスにする政策です。つまり、本来金利をもらうべき預金者やお金を貸した人が逆に金利を支払うということです。もっとも、日銀が民間で行なわれる取引の金利をマイナスにするように強要することはできませんから、何をマイナスにするのかというと、先ほどの日銀当座預金にマイナス

の金利をつけているのです。日銀当座預金では銀行が預金者の立場ですから、銀行に金利を支払わせるということですね。

日銀当座預金は、先ほども触れましたが、一般預金残高に応じて一定の残高を維持することが義務付けられていますし、銀行が業務を円滑に行なううえである程度の残高を維持することも必要不可欠です。そこにマイナス金利というコストを課すことは銀行に大きな負荷を与えます。そこで、日本のマイナス金利政策では、そうした必要な残高を超えて積み上がった超過部分にマイナス金利を課すことにしています。

日銀当座預金に余剰資金を積み上がらせようという量的金融緩和政策と、それにマイナス金利というコストを課そうとするマイナス金利政策では、政策の意図が大きく異なる点に注意してください。

このマイナス金利の導入で、銀行は、日銀当座預金に余剰資金を置いてマイナス金利を課せられるよりも、それより少しでも条件が良い貸出等に資金を回すようになるはずです。その結果、貸出が伸びたり、貸出金利が下がったりする効果を期待できるというわけです。

もっとも、ほかにいい資金の使い道がなければ、このマイナス金利は銀行にとって収益の圧迫要因になるだけです。実際に、2016年1月に日本でマイナス金利政策が初めて導入されたときには、銀行株が急落するなど副作用が強く意識されるようになり、その後はその点にも配慮を加えた政策が採用されています。

●非伝統的金融政策その3——フォワード・ガイダンス

フォワード・ガイダンスは、金融政策の先行きの方向性について公に示すことをいいます。それによって、金融政策の効果を長期にわたって発揮しやすくすることが目的です。

たとえば、金融緩和を長期にわたって続けることを宣言することで、金融緩和の効果が長続きし、かつ長期的な金利推移の予想に基づいて形成される長期金利を大きく引き下げる効果も生まれます。

そもそもインフレ・ターゲット政策では、インフレ目標を達成するまで金融緩和を続けることが前提になっているわけですから、イ

ンフレ目標に届いていない間は金融緩和が続くことが当然予想されます。つまり、インフレ・ターゲット政策にはそもそもフォワード・ガイダンス的な政策の先行き見通しが少なからず含まれていることになります。

　ただし、狭義のフォワード・ガイダンスは、いつまで金融緩和を続けるのかということを公式に表明するものを指します。たとえば、「インフレ目標を達成するまで金融緩和を続ける」というようなことをあらためて明確に表明するわけです。この表明のパターンにはいくつかのものがありますが、誤解が生じないようにできるだけ具体的に表現されることが多いようです。日銀を例にとると、たんに物価上昇率が2％に達するだけではなく、"安定的に"達成できるまで金融緩和を続けることが表明されています。安定的に、ということは、ちょっとやそっとで2％以下に逆戻りしないことを意味しているので、金融緩和継続へのコミットがそれだけ強いことになります。

　このようにして金融緩和の継続期間をできるだけ明確に表明することで、短期的に物価指標などが上振れした場合でも、あわてて金融緩和を解除したりしないという安心感を醸成するわけです。

　もっとも、これらはある意味で、決意表明や微妙なニュアンスを伝えるイメージ戦略のようなものともいえます。こうした手段に頼らざるを得ないことは、現在の金融政策がさまざまな限界に直面し、決め手となるような政策手段を持たないことを反映しているともいえそうです。

SECTION 5-5

金利が蒸発する世界

●金融の歴史上でも最大級の出来事

　金利のゼロへの接近、さらにマイナス転化は、金融の歴史において、少なくともここ数十年で最大級の、もしかすると金融の歴史上でも最大級の出来事といえるかもしれません。金融の最も基本的な要素であったプラスの金利が消えつつあるからです。

　必ずしも褒められたものではありませんが、こうした現象の最先端を走ってきたのが日本です。1999年2月、不良債権による金融機関の経営悪化とデフレ圧力に苦しめられていた日本は、世界初の**ゼロ金利政策**に踏み切りました。実際には無担保コール翌日物レートの誘導目標を0.15%にしたのですが、0%金利の発生を容認したことからゼロ金利政策と呼ばれるようになったのです。

　世界初の量的金融緩和政策も2001年3月に日本で導入されています。日本はさながら非伝統的な金融政策の実験台のようにみられていましたが、リーマンショック後の2008年11月以降、米国では3回に分けて量的金融緩和を実施、その後、英国や欧州など多くの国へ波及していきます。

　マイナス金利での取引が世界で最初に成立したのも日本だとされています。2003年6月に、無担保コール翌日物取引でマイナス金利の取引が行なわれたのです。

　金融政策としてのマイナス金利政策が最初に導入されたのは日本ではなくて2012年のデンマークです。2014年にはユーロ圏及びスイスでマイナス金利政策が導入され、以後スウェーデンがそれに続きました。日本では2016年に採用されています。

　さて、金利がマイナスになると一口に言っても、何の金利がどこまでマイナスになったのか、2019年8月時点の日本の場合をみてみましょう。まず政策的に定められたマイナス金利は、先述のとお

り、日銀当座預金に課せられたものです。

　日銀当座預金に余剰の残高が積み上がった銀行は、その余剰部分に－0.1％が課せられます。だとすれば、無担保コール翌日物の金利がたとえマイナスであっても－0.1％を少しでも上回るのであれば、日銀に預けたままでいるよりも、そのレートで他の銀行に貸し出すほうが有利になります。こうして、無担保コール翌日物の金利も－0.05％とか－0.06％くらいの小幅なマイナス金利になります。現在の日銀の金融政策では無担保コール翌日物レートに誘導目標を定めていませんが、日銀当座預金にマイナス金利を課すことで、結果としてこの金利もマイナスになっているのです。ちなみに、もう一つの重要な短期金融市場であるレポ市場では、担保付取引であることからこのコール市場の水準よりやや低めで、したがって、やはりマイナス金利で取引されます。

　また、マイナス金利政策は現時点では、フォワード・ガイダンスで示されているとおりしばらく継続される可能性が極めて高く、さらにいえば、日銀当座預金に課されるマイナス金利の幅が今後拡大する可能性もあります。その結果、翌日物だけではなく、1か月とか、あるいは3か月、6か月といったターム物と呼ばれる少し長めの短期金融市場の取引金利もやはりマイナスになっていきます。

　短期の国債の利回りは、信用リスクが意識されない分、コールやレポといった金融機関の資金調達の金利よりも低くなるのが自然ですから、さらにマイナス幅が大きくなります。実際の取引利回りは、－0.15〜－0.25％くらいです。

　長期金利に目を転じても、話はあまり変わりません。債券市場の投資家は、マイナス金利の世界が今後とも続いていくとみているようです。その結果、期間の長い国債の利回りも10年くらいまではマイナスになっていて、10年物では－0.25％くらいです。ちなみに、ドイツでは最近30年物国債がマイナス利回りで発行されて話題となりました。

　そのほか、社債の利回りは国債よりも少し高いのが普通ですが、やはり一部の銘柄がマイナスの利回りで取引されています。

　個人の銀行預金、銀行からの借入、消費者ローンなど、一般に身

近な金利はマイナス金利になっていませんが、銀行間取引や債券市場ではマイナス金利がごく当たり前の存在になっているということです。

●マイナス金利が成り立つ理由

　しかし、一体なぜマイナス金利が成り立つのでしょうか。日銀当座預金のマイナス金利は日銀がそう決めたことだから、これは致し方ありません。このマイナス金利を回避するために、コール市場のレートがわずかにマイナスになるのも自然でしょう。ですが、国債などがマイナス金利で取引されているのはなぜでしょうか。なぜ損になることを承知で国債を購入するのでしょう。

　これにはさまざまな理由がありますが、1つ目は、国債がさまざまな取引の担保用資産として広く使われていて、そのため値段が高くても（利回りが低くても）、一定量の国債を確保したいというニーズがあるからです。

　2つ目は、マイナス利回りの国債を買うくらいなら現金で置いておけばいいじゃないかという至極当然の考え方が、金融機関ではほぼ実行不可能だからです。個人であれば、マイナス利回りの債券を買う意味はなく、預金や現金で持っていれば済む話です。しかし巨額の資金を扱う金融機関では、日銀当座預金から現金を引き落として、巨大金庫にためておくなどということは現実的ではありません。どこか他の銀行に資金を預ける場合も、個人客とは違ってマイナス金利でしか相手も応じてくれないでしょうし、特定の銀行に巨額のお金を預けること自体にリスクが伴います。

　3つ目は、たとえ利回りがマイナスであっても、買った値段と同じかそれよりも高い値段で売れれば損は発生しないということです。マイナスの利回りは、たとえば105円で買った債券が満期に100円で戻ってくるとき、その差額－5円分がマイナスに作用するという形になります。したがって、満期まで持たずに、105円で買って105円かそれ以上で売ってしまえば、損は発生しません。今後金融緩和が強められることがあっても弱められることはないという予想が支配的であれば、債券価格は下がりにくくなります。そうした環境では、マイナス利回りの債券を買っても、必ずしも損失が確定するわけではないのです。

　4つめの理由は、少々複雑です。こうしたマイナス金利が常態化すると、日本国内の投資家や金融機関は、手持ちの円を他の通貨、

たとえば主要先進国では数少ないプラスの金利の世界を維持している米国ドルに換えて、ドルで運用したいというニーズが大きく増えていきます。その結果、手持ちの円をドルに換えるための通貨スワップ＊という取引のコストが跳ね上がってしまうのです。逆にみれば、この取引の相手方は、日本の金融機関からの引き合いが強いので自分たちに有利な条件で取引ができるでしょう。相手方になるのは、手元にドル資金があって、それを円に換えてもいいよという人たちです。日本人が皆ドルを欲しがるので、そのドルを供給する側は立場が強く、その結果、円をごく低い金利で調達できるというわけです。時期にもよりますが、結果として、その取引相手方はたとえば−0.5％で円を調達することができたりします。−0.5％で資金を調達して（すなわちお金を借りた相手から0.5％受け取れる）、その資金で−0.25％の利回りの国債を買う（すなわち0.25％損する）と、0.25％分の利益が残ります。

　主にこれらのメカニズムによって、マイナス金利の世界が維持されているのです。

●超低金利の理由とその行き着く先

　それにしても、いったいなぜ金利はこんなにも低くなってしまったのでしょうか。この問題は、本当はいろいろな点を考えなくてはならないむずかしい問題になりますので、ここでは簡単にまとめておくにとどめましょう。

　まず、インフレが起きにくくなっていることが大きく影響しています。では、なぜインフレが起きにくくなっているかというと、これまた多くの要因が絡んでいますが、ざっくりいうと、

・多くの先進国で経済が成熟し、趨勢的な経済成長力が低下してい

＊異なる通貨での調達と運用を交換するデリバティブ取引です。この例では、日本の金融機関の側からみると、相手に円を貸す一方で、同じ相手からドルを借りることを同時に行なう契約となります。この取引で、為替のリスクを負わずに手元の円資金をドル資金に変えることができます。

- る
- 同時に、高度経済成長を続けてきた中国も、一定の成長を遂げたことで成長率が鈍化し始めている
- グローバリゼーションの進展で、とくにモノの生産が効率化され、製品が安価かつ大量に生産されるようになった
- ネットやIT技術の進展で、コストカットや価格比較が容易になった

といった要因が影響していると考えられます。モノが低コストで十分に生産される一方で、需要が伸び悩んでいるので、モノの値段も上がらないということですね。

　また金利低下の要因としては、低インフレ以外にも、世界的な金余りという面が見逃せません。金利は結局お金の貸し借りのコストですから、大きくいえば貸し借りの需給バランスで決まっていくはずです。実体経済のお金の貸し借りはいまでは金利水準に大きな影響を与えなくなっているという話をしましたが、ここで取り上げているのは金融市場における大きな構造としての話です。世界的にお金が膨大にあり余っていて、わずかな利回りを求めて動き回る結果として、世界中の金利に低下圧力をかけているのです。では、なぜ世界的に金余りなのかというと、

- 世界的に進む高齢化、長寿化に伴って、年金などを含む家計の金融資産が膨らんでいる
- 金融危機などの影響で企業部門でもお金をため込む傾向が強くなっている
- とくにいまの経済をけん引するGAFAなどのテック企業は、過去に経済をけん引してきた企業群に比べて資金余剰となる傾向が強い
- 経済成長率の低下により、有望な投資機会が減っている
- 積極的な金融緩和政策で中央銀行が供給する通貨量が増えている

などさまざまな要因が考えられるでしょう。

では、こうした金利の低下はわれわれにいったい何をもたらすのでしょうか。これも大変むずかしい問題ですが、低金利と金余りが景気の急激な落ち込みや株価の暴落、金融危機の発生などを防ぐうえで一定の効果を発揮していることは間違いないでしょう。その一方で、以下のような懸念も存在します。

- お金を借りるコストがほとんど感じられなくなるので、企業の債務増大や、国家財政の肥大化を招く
- 金利を主要な収益源とする銀行の経営基盤が揺らぐ
- 本来預金金利として家計が受け取るはずの経済価値が、資金調達コストの低下という形で企業や国に移転する
- その結果、経済格差の助長を招く一方、消費の減退などにより経済成長の低下を招く（だからお金が余り、インフレが低下する）
- わずかでも投資収益を得られるものを求めて、株式や不動産などの価格が上昇し、バブルが発生する

そして、最大の懸念点は、お金を貸すと金利がもらえるという金融本来の姿をいつ、どのように取り戻せるのか、まったく見通しが立っていないことでしょう。将来、何らかの理由で世界的に金利が大きく上昇すると、利払いコスト増による企業破綻の急増、国債価格の下落による金融機関の損失拡大や国家破綻の懸念増大、株式市場の暴落など、深刻な事態を招く可能性があります。量的金融緩和政策やマイナス金利政策は、止めたときにこのような反動が懸念されるため、いったん始めると、さらにいえば長く続ければ続けるほど、なかなか止めるのがむずかしくなります。

ですから、金利のない異常な世界こそが、ニューノーマル（新しい常態）と考える人もいます。長期国債の利回りがマイナスに沈む現象は、まさにそうした考えが債券市場で支配的になっている証です。ですが、では永遠にマイナス金利が続くのかというと、それも考えにくいことです。結局、マイナス金利の世界の行き着く果てに何が待っているのか、正確なところは誰にもわからないといっていいでしょう。

COLUMN
"LIBOR" が引き起こした大混乱

　世界の短期金融市場のなかでも、ロンドンの銀行間市場はとくに重要な意味を持ちます。それは、ここで決定される **LIBOR** (ライボー) という短期金利の指標が、世界中の金融取引の金利計算に使われているからです。

　LIBOR は、London Inter-Bank Offered Rate の略で、ロンドンで行なわれる銀行間資金取引の金利を期間ごとに毎日公表しているものです。期間 6 か月のものなどがよく使われ、「6 か月ライボー」などという呼び方をしています。ロンドンで決まる金利ですが、米ドルや円の金利も含まれています。

　もともとロンドンは、イギリスの通貨であるポンド以外に、米ドルや円などの他国通貨の取引が活発に行なわれてきた土地柄です。さらに、さまざまな国籍の企業が債券を発行したり、国際的な金融機関がデリバティブ取引を活発に行なったりする国際金融センターとして機能してきました。

　その結果、ロンドンで決まる LIBOR 金利は、世界中の債券の利息計算やデリバティブの金利計算などに多く使われることになったのです。2018 年時点で、LIBOR を参照して利息を計算する金融商品や金融取引の元本金額が 370 兆ドルほどに達するとされています。円に直すとおよそ 4 京円という途方もない金額です。

　ところが 2012 年に、この LIBOR の公表に際して不正が行なわれるという事件が起きました。LIBOR は、あらかじめ決められた複数の大手銀行が申告したレートを平均して求めます。この申告レートのいくつかがが、実勢の金利水準から故意にかい離させたものとなっていたことが明らかとなったのです。

　LIBOR を参照する取引は山のようにあります。LIBOR を申告する銀行もそうした取引を大量に行なっているので、LIBOR が少しでも高ければ (あるいは低ければ) 自分たちに大きな利益となる、ということが往々にしてあるのです。そこで、自分たちに有利になるようにレートを歪めて申告していたというわけです。

　当然のことながら、この事件は大問題となり、イギリスの大手金融機関の会長が引責辞任するといった事態に発展しました。

LIBORのレート算出に関しては、その後改善が試みられていますが、欧米当局を中心に、そもそも申告ベースの金利を使うのでなく、実際の取引に根差した金利を指標として使うべきだとの考え方が強くなっています。そして現在では、2021年末でLIBORの公表を停止し、LIBORを他の指標金利に移行させるという計画が進行中です。LIBORに替わる指標金利としては、各国で以下のような金利を主な候補として検討が進められていますが、対象となる取引や商品が多岐にわたるため、取引や商品の種類によって異なる対応策がとられる可能性が高くなっています。

- **米国：担保付翌日物調達金利** (SOFR：Secured Overnight Financing Rate)
  レポの翌日物取引金利から算出する
- **ユーロ圏：ユーロ短期金利** (ESTER)
  銀行間の無担保翌日物金利から算出する
- **英国：スターリング・オーバーナイト・インデックス・アベレージ** (SONIA)
  銀行間の無担保翌日物金利から算出する
- **日本：東京オーバーナイト・アベレージ** (TONA)
  銀行間の無担保翌日物 (無担保コール翌日物) 金利から算出する

　ただし、なにぶんLIBORはあまりにも広範に使われているものなので、大きな混乱なく移行が計画どおりに進むのか、現時点で危ぶむ声も聞かれます。また、移行に当たって解決すべき課題もまだ多く残っています。
　いずれにしても、このLIBOR廃止・移行問題は、その期限に向けて世界の金融市場を巻き込んだ一大イベントになることだけは間違いないでしょう。

第 **6** 章

外国為替市場

金融はグローバリゼーションが最も進んだ分野の一つでしょう。
そして、国をまたがるお金の流れには通貨の交換が絡んできます。
この章では、通貨の交換が行なわれる外国為替市場について
みていきましょう。

SECTION 6-1

外国為替と為替レート

●異なる通貨を交換すること

　日本語の"為替"という言葉は、もともと現金の移動を伴わない決済の仕組みを指すものです。銀行振込なども為替の一種で、国内で完結するので内国為替と呼ばれています。したがって外国為替は、本来は国をまたいだ資金決済を意味しますが、そこには通貨の交換が伴うことが多いので、この通貨の交換を指して外国為替と呼ぶことが増えていきました。ですから、外国為替（Foreign Exchange）市場といえば通貨の交換市場のことですし、為替レートといえばこのときの通貨の交換レートを指します。

　さて、外国為替市場の仕組みや為替レートの変動要因などをみていく前に、まず基本事項として、為替レートの見方から押さえておきましょう。

　外国為替市場は、異なる通貨を交換する市場ですので、たとえば日本の円と米国のドルを売ったり買ったりして交換する取引が行なわれます。その交換レートが為替レートです。為替レートには、交換するどちらの通貨からみたレートかということで二通りのレートの建て方がありますが、一般的にどちらを使うかは、通貨の組み合わせごとに慣習として決まっています。国内における円と外貨の交換レートの場合は、相手通貨を軸としたレートが使われるのが一般的です。

　ドルと円の交換レートを例にとると、たとえば1ドル＝106円というような感じでレートが建てられます。1ドルを買ったり売ったりするときに、相手方の円はいくらかという値として表示されているということです。

　さて、この事例での106という数字は、いまの説明のとおり1ドルの値段を円で表示したものです。つまり、レートが大きくなっ

て106から107になると、ドルの値段が上がっているのだから"ドル高"となります。逆にレートが小さくなれば"ドル安"です。

　ここまではとくに何ということもないと思います。ただ、ちょっとややこしいことに、一般的に為替レートの変動を表現するときに、主語をドルから円に置き換えて表現することが多いのです。為替レートが106から107になったとすると、ドルが円に対して高くなっているのだから、主語を入れ替えるとそれは"円安"ということになります。

　かくして、為替レートの数字が大きくなることが"円安"で、数字が小さくなることが"円高"となる逆転現象が起きます。この逆転現象は、レートの建て方が外貨を軸にしているのに、言葉での表現が円を軸にしていることから生じます。面倒なのですが、それが市場の習わしなので、これはそういうものだと納得するしかありません。

●スポット取引のレート＝為替レート

　さて、ドル円の為替レートは経済ニュースなどで毎日のように取り上げられますが、ではそのレートは一体だれがいつドルと円を交換するためのレートなのでしょうか。

　外国為替市場は取引所を経由しないOTC（店頭）市場です。債券のパートでも触れましたが、OTC市場では、中心に業者間市場（為替の場合は銀行間市場）があり、そこで形成されたレートをベースに業者（為替の場合は主に銀行）とその取引先が取引する対顧客市場がその周囲に広がる二重構造が基本となります。そして、経済ニュースで取り上げられる為替レートは、このうち銀行間市場における取引レートのことです。それが、対顧客取引など他のいろいろな為替取引の基準となっていきます。

　また、これも外国為替市場に限らずOTC市場に共通することですが、いつ実際の受け渡しをする前提で取引をするのかという点で、取引が**スポット取引**と**フォワード取引**に分かれます。スポット取引（日本語では直物取引）は、取引をしてすぐに決済をする前提で取引が行なわれるものを指します。外国為替の場合は、取引成立（約定）の二

営業日後に、交換する通貨をお互いに支払って決済されるのがスポット取引です。

これに対して、それよりも先の日付で取引されるものがフォワード取引です。OTC市場における先日付取引を意味するフォワード(forward)取引は、一般には日本語で先渡取引と訳されることが多いのですが、外国為替に関しては先物外国為替という用語が使われるのが一般的です。実はフォワード取引と同じ先日付の取引で、OTCではなく取引所に上場されているフューチャー(future)という取引があります。先物は一般にその日本語訳として使われているので、先物外国為替という言い方は実はとても紛らわしいのですが、おそらくスポット＝直物に対して、フォワード＝先物という対比でそのまま定着してしまったものと思われます。

さて、たんに為替レートという場合、それはスポット取引のレートを指します。つまり、ニュースで言及される為替レートは、銀行間で行なわれるスポット為替取引の取引レートということになります。

SECTION 6-2

為替取引はなぜ行なわれるのか

●輸出や輸入に伴って必要になる

　冒頭に述べたように、国境をまたいだお金の流れには、外国為替がつきものです。外国為替、ここでは狭義の通貨の交換を意味していますが、それが必要になるのは具体的にどんなときでしょうか。

　まず、イメージしやすいのが貿易に伴う外国為替です。たとえば日本の企業が国内で製造した製品を米国に輸出して販売する場合、製造コストは円建てですが、米国での売上はドル建てになります。

　製造コストが80円のものを1ドルで販売したとしましょう。売上（1ドル）から製造コスト（80円）を差し引いた利益は、このままでは確定せず、売上で得たドルを円に交換することで初めて損益が確定します。もし1ドル＝110円で交換できたなら、その110円から製造コスト80円を差し引いて30円が利益となるわけです。このときに1ドルを110円に交換するために行なわれるのが、ドル売り・円買いという為替取引です。

　ただし、為替レートは日々、というよりも時々刻々と変動します。もし1ドル＝100円のときにドル売り・円買いを行なったら、100円－80円＝20円と、利益は減ってしまいます。つまり、輸出企業は為替レートの変動リスク、すなわち為替リスクを負っていることになります。為替レートが円高になるとリスクが顕在化するので、とくに円高リスクともいいます（次ペ図表18）。もちろん、輸出価格を円建てで決めることができれば、直接的な円高リスクは発生しません。

　輸入の場合には、これとは逆の状況が生じます。海外から輸入したものを国内で販売する場合、当然ながら売上は円建てになります。輸入代金も円建てで決めることができれば、仕入コストも売上も円建てとなって直接的な為替リスクは発生しませんが、たとえば原油

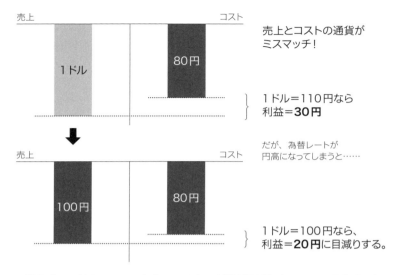

図表18 ● 為替リスク (輸出企業の場合)

外貨建てで輸出している企業は、円高で利益が目減りするので、円高リスク!!

などの取引は通常ドル建てで行なわれます。仕入コストがドル建てで、売上が円建てだと、ちょうど先ほどの輸出企業と逆方向の為替リスクが発生することになります。

売上が110円で仕入コストが0.8ドルだとして、為替レートが100円なら、110 − 0.8 × 100で30円の利益になりますが、為替レートが110円になると、110 − 0.8 × 110で利益は22円に減ってしまいます。今度は円安でリスクが顕在化するので、円安リスクですね（**図表19**）。

こうした為替リスクを回避（ヘッジ）するために、輸出企業や輸入企業は、ドル建ての売上や仕入の見込みが立った段階で、為替取引の予約を行ないます。実際にドルの売上が立つのは3か月後だけど、いまのうちにドルを売って円を買う為替取引のレートを確定させておくというような取引を行なうのです。そうすれば、その後に為替レートがどれだけ変動しても損益には影響しなくなります。こういうときに行なわれるのが先日付での為替取引、すなわちフォワード取引です。

図表19 ● 為替リスク(輸入企業の場合)

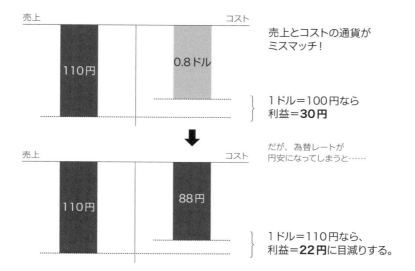

外貨建てで輸入している企業は、円安で利益が目減りするので、円安リスク!!

●直接投資や証券投資に伴って発生するケース

　次に、為替取引は、貿易以外にも、企業の海外での工場建設や合併・買収など海外直接投資によっても発生します。たとえば、日本の企業が米国の企業を買収するケースを考えましょう。買収資金の調達方法にはいくつかありますが、手持ちの円資金を使って買収するとします。企業買収はドル建てで行なわれますから、手持ちの円を売ってドルを買い、そのドルで企業を買収するわけです。これは一般に"円投"投資といわれているものです。

　バランスシートで考えてみると、右側、すなわち原資となるのが円建てで、左側の資産サイドがドル建てという状態になります。為替レートが円安になると円に換算したときの資産額が増えるので評価上の利益が出ます。ということは、円高になると円に換算した資産額が減り、評価損が発生することになります(次ダ**図表20**)。

　こうした為替リスクをヘッジするための一つの考え方は、原資が円で資産がドルということが為替リスクを発生させているわけですから、原資もドル建てにしてしまえばよいというものです。ドル建

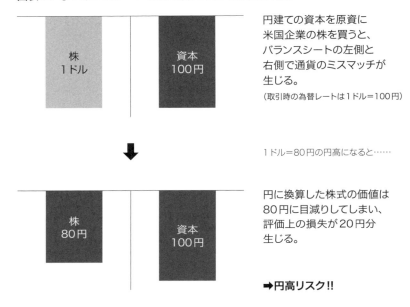

図表20 ● バランスシートでみた為替リスク（円投資の場合）

円建ての資本を原資に米国企業の株を買うと、バランスシートの左側と右側で通貨のミスマッチが生じる。
（取引時の為替レートは1ドル＝100円）

1ドル＝80円の円高になると……

円に換算した株式の価値は80円に目減りしてしまい、評価上の損失が20円分生じる。

➡円高リスク!!

てで債券を発行したり借入をしたりして、その資金で買収すれば、バランスシートの両側で通貨のずれは発生せず、為替リスクも発生しません＊。

　また、為替リスクの発生を為替取引の有無から考えて、その反対取引をすることでリスクをヘッジするという考え方もできます。円投投資の場合、最初に手持ちの円を売ってドルを買うという取引を行なっています。ドルを買っているわけですから、その買ったドルの価値が下がると評価損がでると考えることができます。だとすれば、ドルを売る取引をもう一つ組み合わせれば、売り買いが相殺されて為替リスクをヘッジすることができるはずです。

　ただし、ドルを売るためには、相手に渡すドルを用意しないといけません。そこで、先日付で、すなわちフォワード取引でドルを売っておけば、すぐにドルを手当てする必要なくリスクヘッジができ

＊ただし、その後にドル建ての資産価値が増減すれば、その部分には為替リスクが生じます。

ます *。

　為替取引を発生させるもう一つの要因として、債券や株などに対する国際的な投資資金の流れに伴うものもあります。たとえば、日本の投資家が手持ちの円をドルに換えて米国株や米国債などに投資するようなケースです。これは先ほどの円投投資と基本的に同じです。

　ですから、たんに手持ちの円をドルに換えてドル建て資産に投資するだけだと円高リスクを負うことになります。このタイプの投資は、大きく円高に振れることはないだろうとの見込みにもとづいて行なわれます。一方で、為替リスクを回避しながらドル建て資産に投資するためには、やはり先ほどと同じで、先日付のドル売り取引などをあわせて行なう必要があります。これをヘッジ付き投資などといっています。

　為替相場に与える影響でいうと、ヘッジのない円投投資は、投資するときに円を売ってドルを買う取引が発生するので、ドルのレートを押し上げる要因、つまり円安要因となります。逆にこうした投資を終えるときは、買っていたドルを売って円に戻す取引が発生するので円高要因となります。

　一方のヘッジ付き投資の場合は、ドル資産を買うために手持ちの円を売ってドルを買う取引と、リスクヘッジのために先日付でドルを売って円を買う取引を同時に行なうので、ドルの買いと売りが釣り合って、基本的には為替レートに影響を与えません。

　以上、貿易、企業の投融資、国際的な投資資金の移動という順番で為替取引の発生要因をみてきましたが、これらのうち量的に最もインパクトが大きいのは最後の国際的な投資、そのなかでもヘッジなしで行なう投資に伴う為替取引です。したがって、為替レートは、国際的な投資資金の流れがどこに向かうのかによって大きく左右されることになります。

---

* フォワード取引の期日が来た場合は、期日に合わせてドルを買い、さらに先日付のドルの売りを組み合わせることで、実質的にドル売りの期日を先延ばしすることができます。

SECTION 6-3

為替レートはなぜ変動するのか
—— 金利差と購買力平価

●通常は高金利通貨が買われやすいが……

　株価や債券価格は、値動きがどうなるかを予測できるかどうかは別として、理論的にどう決まるかはある程度すっきりと説明できるのに対して、為替レートに関しては、理論的にどう決まるかが、なかなか一口にはいえないという面があります。

　まず通貨は、ユーロなど複数の国家が共通して使用するものもありますが、基本的には国家に固有のものであるために、常に国家と結びつけられてイメージされることが多いと思います。ただ、もちろん国家の財政状況の悪化や政治的な混乱などが為替レートの変動に影響を与える場面もあるにはあるのですが、通常の為替市場では、国家の国力や信用力、繁栄ぶりなどといった要因で動くことは稀で、もっと具体的な経済的要因によって動くことがほとんどです。

　では、具体的に為替レートを変動させる主な要因は何でしょうか。為替レートは、為替市場で自由に取引が行なわれた結果として形成されるので、基本的にはその需給によって変動します。日本でいえば輸出はドル売り、輸入はドル買いのニーズを増やしますから、輸出が輸入を超過して貿易黒字が増えると、相対的にドル売りのニーズのほうが強くなり、円高要因となります。企業の投融資の動向ももちろん大きな変動要因の一つです。ただし、取引量からすると、先述のとおり、国際的な投資資金の流れが最も大きな影響力を持っていると考えられます。

　国際的な投資を行なっている投資家には、年金、保険会社、ヘッジファンドなどさまざまなタイプがいます。なので、国際的な投資資金の流れが何に左右されるのかについても、簡潔にいうことはむずかしいのですが、いちばん大きく影響するのは金利の高低だと考えられます。金利が高い国には投資資金が集まりやすいということ

です。

　金利が高い国の通貨でお金を貸したり債券に投資したりすれば、その高い金利を直接受け取ることができます。それだけでなく、金利が高いということは、経済活動が活発であることの裏返しであることが多く、そのほかにもさまざまな投資機会が豊富にある証ともとらえられます。こうして金利の高い通貨の需要が高まり、たとえばそれがドルであればドル高要因となっていきます。

　もちろん、こうした他通貨での運用や投資には為替リスクがつきまといます。為替リスクをヘッジしたヘッジ付き投資も可能ということでしたが、実はヘッジ付きで投資すると、通貨間の金利差の効果は消えてなくなってしまうのです。

　詳しい仕組みの説明は省きますが、大切なのは原則を理解することです。リスクなしで他と比べて有利なだけの投資対象は基本的には市場に存在しません。一見有利なものには常にリスクがつきまとうのです。そして、そのリスクをヘッジすることはたいていの場合可能ですが、リスクをヘッジしてしまえばその投資対象の見かけの有利さは消えます。これが、外貨投資に限らず、金融の世界における普遍的な基本原則なのです。ですから、高金利通貨の高金利を享受しようと思えば、為替リスクをヘッジしないで投資することが必要となります。

　かくして高金利通貨には、その通貨を買って投資するというニーズが集まり、為替レートもその通貨が高くなる方向に圧力を受けます。

　ところが、だからといって、金利の水準から為替レートがどのくらいになるべきかということは一概にいえません。それに、通常は高金利通貨が買われやすいのは確かですが、局面によっては逆の動きが優勢になる場合もあります。たとえば、ヘッジなし投資をしていた投資家が、何かに不安を感じてリスクを縮小したいと思った場合、それまで買っていた高金利通貨を売るという逆の取引が出てくることになるのです。

　ですから、普通の状況であれば金利の高い通貨に投資資金が流れて高金利通貨買いの需要が生まれますが、何か重大なイベントが起

き、投資家を不安に陥れる状況が生じたときには、高金利通貨売りが生じることになります。

一般に、リスクに対する投資家の選好度の変化を、リスク・オンとかリスク・オフと呼んでいます。リスク・オンは投資家がリスクをとることに積極的になっている状況を表し、リスク・オフはその逆で、不安になってリスクをできるだけ減らそうとする状況を指します。

つまりリスク・オフの状況では、それ以前のリスク・オンの状況で積み上げられた取引が巻き戻されることになります。平常時に円を売ってドルを買うという形で取引が積み上がっていたのであれば、リスク・オフ局面になると逆にドルが売られ、円が買われることになります。これが"リスク・オフの円高"といわれるものです。

●通貨の本源的価値にもとづいた考え方

さて、金利が為替レートの変動に大きな影響を与える要因であり、一般的には高金利通貨が買われやすいということはわかりましたが、リスク・オフのことを考えると結論は非常に漠然としてきてしまいました。ここで、金利から少し離れて通貨の本源的な価値についても考えてみましょう。

通貨の価値とは、その通貨そのものに絶対的な価値があるわけではなく、その通貨でどのくらいのものが買えるかによって決まると考えられます。これを通貨の購買力といいます。だとすれば、為替レートは本来、2つの通貨の購買力の比になるはずだと考えることもできるはずです。こうした考え方にもとづく通貨の理論的な交換比率のことを**購買力平価**と呼んでいます。実際の為替レートが購買力平価に等しくなる保証はないのですが、購買力からみて理論的にはこうなるはずだという理論値としてとらえることはできます。

購買力平価は、物価から計算されます。物価はモノの値段のことですが、モノの観点からみた通貨の価値はその物価の逆数になるはずです。購買力平価は、計算に使う物価を何にするかによっていくつもの計算方法があるのですが、もっともわかりやすい例として、ビッグマック指数というものがあります。ビッグマック1個を買

える値段を比較したものです。たとえば、ビッグマックが米国では5.5ドルで売られているとしたら、1ドルはビッグマック1個の5.5分の1の価値、日本では400円で売られていたら、1円はビッグマック1個の400分の1の価値となります。両者の比率を計算すると1ドルの購買力平価は72.73円となります。

　ここで、米国でインフレが起きてビッグマックの値段が上がるとします。インフレはモノの値段が上がることですから、通貨1単位当たりの購買力が低下することと同義です。ビッグマックが6ドルになれば、1ドルの購買力はビッグマック1個の6分の1になり、先ほどよりも下がってしまいます。円の購買力が変わっていなければ購買力平価は1ドル＝66.67円になります、ドル安・円高ですね。つまり、購買力平価からいえることは、インフレ率が高い国の通貨ほど、時間とともに価値が下がっていくということです。

　こうしてみると、ビッグマックであるかどうかはともかく、何らかの適切な手段で測った購買力平価が為替レートの理論値ということになりそうです。ただし、先ほども触れたとおり、購買力平価には幾通りもの計算方法があって何が正解かは明確にはわかりません。また、短期的にみた為替レートの動きは購買力平価、あるいはそのもととなっている物価の動きのとおりに動くとは限りません。

　先ほどは、平常時においては金利が高い国の通貨が上がりやすいという話をしました。今度はインフレ率が高い国の通貨は下がるはずという話です。ところが、インフレ率の高い国では金利も高くなるはずなので、通常の市場環境では、インフレ率の高い高金利通貨が買われることが多くなるのです。

　話はここで終わりません。いま述べたように、金利差の影響で、短期的には購買力平価が為替レートに理論どおりの影響を与えているようにはみえないのですが、長期的にみると、為替レートはこの購買力平価におおむね沿った動きをすることが多いのです（次ジ**図表21**）。つまり、インフレ率の高い国は、短期的にはそうでなくても、長い目でみると通貨安になりやすいということですね。

　短期的には金利の高い通貨が買われるが、リスク・オフの局面では逆の動きが生じ、長い目でみるといつの間にか購買力平価に近づ

図表21 ● 購買力平価と実際の為替レートの推移（ドル円）

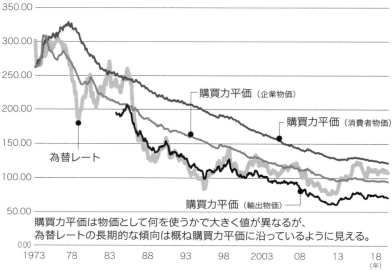

出所：国際通貨研究所

いていく、というような感じでしょうか。このように短期的な変動要因と長期的な変動要因が相矛盾してみえるところが、為替レートの変動要因を理解しにくくしている大きな理由となっています。

SECTION 6-4

為替レートと経済の関係

●政治的には通貨安が好まれる

　為替レートの変動は、経済にはどのような影響を与えるのでしょうか。

　すでにみてきたとおり、自国通貨高は輸出企業の利益を圧迫します。一方で、輸入企業にとっては仕入コストの削減につながります。それが販売価格に転嫁されれば消費者にもメリットが生じることになります。輸入価格の低下を通じて、物価全般を押し下げる効果も生まれます*。全体として自国通貨高のメリットとデメリットのどちらが大きいかは、結局、輸出と輸入のバランス次第ということになります。

　日本は、海外とのお金の出入りを示す経常収支でみると大幅な黒字傾向を続けています。ただし、そのけん引役は近年、工場建設や企業買収など直接投資から生まれる収益の受取りとなっていて、貿易収支だけでみると恒常的な黒字国とはいえません。そのため、貿易全体でみたときに円高がプラスになるかマイナスになるか一概にはいえませんが、企業部門では円高による輸出利益の圧迫が懸念されて株安要因とされるのが普通です。為替リスクを負ったままの海外投融資の評価減が懸念される場合もあります。また、物価に低下圧力がかかることも、デフレリスクが意識されがちな現在では、ややマイナスと受け取られることが多いでしょう。

　一方、自国通貨安は、輸出企業にはプラスとなる一方で、輸入価格の上昇により、輸入企業や消費者にデメリットが生じると同時に、

---

*物価の押し下げ効果は、みる人の立場によってメリットにもデメリットにもなりえます。一般に消費者の観点ではメリットですが、インフレ・ターゲットを導入している政策当局者からはデメリットに映るでしょう。

物価を押し上げる要因にもなります。

このように自国通貨高も自国通貨安も一長一短があって、どちらがいいとは簡単にいえないのですが、政治的には自国通貨安が好まれるのが一般的です。

●インフレリスク低下が引き起こす通貨安競争

かつてドイツでは、中央銀行であるブンデスバンクがインフレ抑制のために引き締め気味の金融政策を行なうことが多く、金利高からマルクが買われる局面が多くありました。それでもブンデスバンクは、自国通貨高はインフレ抑制に効果を発揮し、輸出企業にも生産性を向上させる圧力となって、結果的に競争力の強化につながるとしてまったく動じませんでした。ですが、いまのユーロ圏の中央銀行であるECB（欧州中央銀行）は、非常に積極的な低金利政策を続けており、米国からはユーロ安に誘導しようとする通貨安政策だとの批判を受けています。

その米国では、1990年代、クリントン政権のロバート・ルービン財務長官が、為替について問われると、いつも「強いドルは米国の国益」とのみ答えていました。積極的にドル高に誘導したわけではないので、これをドル高政策ということには無理があると思いますが、少なくとも自国通貨安を追求しない姿勢をみせたのです。背景にはやはり、自国通貨高がインフレを抑え、生産性向上への圧力となることが考慮されていたと思います。ですが、やはり米国でも2019年現在、輸出企業を後押しするドル安を良しとする風潮が強くなっています。

歴史的にみても、自国通貨を意図的に押し下げて貿易収支を改善し、自国の産業を保護する政策が好まれることは多くありました。自国通貨安政策は、近隣窮乏策と批判されることもあり、ときに各国が通貨安を競うような状況に陥ることもあります。それがひどくなると、"通貨戦争"などと評されます。

とくにインフレのリスクがほとんど意識されなくなったいま、自国通貨安は政治家にとって、低リスクで株価の押し上げ効果を期待できる政策ツールとして位置付けられやすいのかもしれません。

COLUMN
プラザ合意とポンド危機

　為替の歴史には、いくつかエポックメイキングな出来事があります。1985年のプラザ合意もその一つです。レーガノミクスと呼ばれた経済政策によって1980年代の米国は財政収支と経常収支が大幅に赤字になり、それがドル高に結びつきました。財政収支や経常収支の赤字がなぜドル高に結びついたかというと、この2つの赤字、とくに財政赤字の拡大がドルの金利高を招いたからです。財政の健全さや対外収支などよりも、金利差が為替レートを大きく動かす要因となることを示す格好の事例かもしれません。

　いずれにしても、このドル高が国内の製造業を圧迫しているとの認識が米国で広まり、ドル・レートを押し下げようという機運が生まれます。米国から強硬な通商交渉などの圧力を受けていた欧州や日本でもドル高是正を容認する空気が強まるなか、1985年9月22日、ニューヨークのプラザ・ホテルで主要先進5か国 (G5) 首脳の合意文書が発表され、同時に為替市場で各国の協調介入が行なわれました。為替介入は一般に、政府の判断で、中央銀行を実行役として為替レートを動かすために大量の為替取引を行なうことを意味しますが、このときは円やマルクを買ってドルを売る取引が行なわれたのです。

　その結果、1ドル240〜250円ほどで取引されていたドル円は急激な円高となり、2年後には1ドル120円ほどにまで円高が進みました。この"円高ショック"による景気の落ち込みを防ぐために日本国内では金融緩和が進められ、これがバブルの発生を助長したとされています。

　1992年のポンド危機も忘れられない出来事です。当時、イギリスは、自国通貨のポンドとマルクなど欧州通貨とのあいだで為替レートを一定範囲内に維持する協定を結んでいました。ところが、東西統一後に活況が続くドイツに対して、イギリスでは景気の悪化や経常収支の悪化が進み、ポンド売り圧力が高まったのです。

　そんななかで、大手ヘッジファンドを率いるジョージ・ソロスら大物投資家や銀行の為替ディーラーなどが一気にポンド売りを強めていきます。イギリスは、イングランド銀行が政策金利を大幅に引き上げ、為替介入も繰り返してこ

うした動きに対抗しました。金利が上がると通貨高の要因になりますし、いわゆる投機筋がポンドを売るときは、ポンドを借り入れて、その借り入れたポンドを売るため、金利が上がるとそうした取引のコストが上がるのです。したがって金利の引上げは自国通貨の売りを防ぐ手段としてよく用いられますが、国内の景気には悪影響が及ぶ懸念があります。

　政治的には自国通貨安が好まれることが多いと述べてきましたが、この場合は、欧州との通貨協定を守ることがイギリスの国家としての威信を守ることと考えられたのです。

　さて、激しい攻防の末、1992 年 9 月 16 日水曜日に、イングランド銀行が投機筋に対する抵抗をあきらめ、欧州との通貨協定を破棄することになりました。国家が投資家に敗れた瞬間でした。ジョージ・ソロスは以後、"イングランド銀行に勝利した男"と呼ばれるようになります。

　しかし、歴史は皮肉なものです。実力に不相応な為替相場を守ろうとして経済的苦境にあえいでいたイギリスは、ポンドが大幅に売り込まれたことでかえって復活のきっかけを得ました。その後、イギリスの長い景気拡大局面が続きます。国家が屈辱にまみれた日として、当初、9 月 16 日は"暗黒の（ブラック）水曜日"と呼ばれていたのですが、その後の息の長い景気拡大の出発点になったということで、その後は"白い（ホワイト）水曜日"ともいわれるようになりました。

　為替介入は、プラザ合意のときのように成功することもあれば、ポンド危機のときのように失敗することもあります。一般に、実際の経済状況に沿ったもので、主要各国の協調のもとに行なわれる為替介入は成功する可能性が高く、そうした条件を伴わない為替介入は一時的な効果しか発揮できないことが多いといわれています。

第 **7** 章

投資の基本

この章では、お金の出し手である投資家からみた金融を考えます。
投資に関する理論や経験論は山ほどありますが、
ここでは最低限押さえておくべき基本について
みていきましょう。

SECTION 7-1

投資における収益源は何か

●投資と投機はどう違うのか

　投資とは一般的に、株式や債券などの有価証券、あるいはその他の売買可能な資産で資金を運用し、それによって利益獲得を狙う行動を意味します。似たような意味を持つ言葉に投機というものもあります。

　投資と投機の違いは現実には曖昧ですが、一般的には、有価証券等の本源的な価値に着目して長期的な視点で保有することを投資と呼び、たんに有価証券等の値動きに着目して短期的な売買を繰り返すことを投機と呼ぶことが多いようです。さらにいえば、投資は資本主義経済に不可欠な資金の流れをつくり出す行為であるのに対して、投機はたんなるばくちと同じで、好ましくないものとされることが多いと思います。

　ただし、投資と称する行動のなかにも投機的な要素が含まれていることが多く、また投機とみられるもののなかにも、たんなるばくち的なものではなく、しっかりとした合理的分析に基づいた取引も多く含まれています。また実際には、投機的取引が市場経済に不可欠な役割を果たしているとみられる部分も多くあります。たとえば投機的な売買があるからこそ、市場での取引が活発になり、だれもが機動的な売買をしやすくなります。さらにニュースに敏感に反応する短期的な取引があるからこそ、さまざまな情報が即座に市場での取引価格に織り込まれ、市場は人々の将来予想を的確に反映する鏡になります。投機がいいか悪いかは別として、投機がなければ市場経済がうまく成り立たないのもまた事実なのです。

　現実をみても、金融市場における取引の大半はおそらく一般的な定義では投機とされる取引が占めています。たとえば日本の株式市場の売買の3分の2ほどはコンピュータで高速売買を繰り返す

HFT（高頻度取引、High Frequency Trading）という取引が占めていますが、このHFTはまさに先ほどの投機の定義を満たすものです。主に個人が外国通貨を簡単に売買できるFX（外国為替証拠金取引）なども多くが投機的取引であることは間違いないでしょう。でもこうした投機的取引がなければ市場はどのような姿になるのでしょうか。

　もし、バフェットのように一度株を買ったら何年も売却せずに保有し続ける投資家ばかりだったら、市場での取引は滅多に発生しません。何か重大なニュースが出ても株価は動かないでしょう。会社が不正に手を染めても、株価は下がらないので、経営者は責任を感じないかもしれません。また、株を買おうとしても、本当はいくらで買えるのか誰にもわからなくなるかもしれません。売買がごくたまにしか行なわれなければ、証券会社や取引所は経営不振に陥って、結局市場は閉鎖されることにもなるでしょう。

●合理的な投資と非合理的な投資

　また、リターンという点でも、一般的に投資は長い目でみれば利益が期待できる一方で、投機はゼロサムゲームなので長い目でみて利益を残せる可能性が低いとみられがちです。しかし、こうした見方も誤解を伴いやすいものだと思います。ただバフェットを真似して同じ株を長期間保有するだけでうまくいくわけではありませんし、市場のわずかなゆがみをついて短期売買を繰り返すことで極めて安定した素晴らしい成績を残す"投機家"もいます。

　投資の世界には、ヘッジファンドという一大勢力がいます。一般に、比較的少数の大口出資者の資金を集めて運用する私募＊形式のファンドの総称です。さまざまなタイプのファンドがあるのですが、なかでも近年大きな勢力を誇るのがコンピュータを使って市場情報を即座に分析し、比較的短期の売買を繰り返す"クオンツ"と呼ばれるタイプのものです。バフェットの長期投資とは真逆のスタイルですが、彼らが勢力を伸ばしているのは、安定した収益を誇るファ

＊広く出資者を募る公募とは違って、限定された少数の出資者を募るものが私募です。

ンドが多いからだといえます。そして、彼らがいるからこそ、市場価格は矛盾の少ない合理的で体系的なものに近づいていきます。

　このようなことから、投資はよくて投機はダメという図式は、現実の世界では必ずしも成り立たないのです。現実の世界では、そうした区分よりも、収益の源泉を的確にとらえた合理的な投資と、そうではない独りよがりで非合理的な投資に分けて考えることが適切ではないかと思います。そして、合理的な投資をするためには、何が投資リターンの源泉になるのかを考えなくてはなりません。投資リターンの源泉と考えられるものはいくつかありますが、ここでは、その最も基本的な部分について.みていきましょう。

　まず、話を簡単にするために、投資によるリターンを 2 つの部分に分け、長期的にみればある程度合理的に予想することができる部分と、それ以外の変動部分の合成であると考えます。前者は**期待リターン**と呼ばれるものです。後者は、詳しくは後で説明しますが、合理的には予想できないランダムな変動と定義することができます。つまり、

　　投資リターン　＝　期待リターン　＋　ランダムな変動

ということです。

　それでは、上式にしたがって、投資リターンを構成すると考えられる 2 つの要素を順にみていきましょう。

SECTION 7-2

期待リターン
—— 長期的に予想される投資収益

●国債への投資で得られるリスクフリー金利

まず期待リターンから話を始めます。

期待リターンの"期待"は、以前にも出てきましたが、一般的に期待という言葉が使われるときの「主観的に希望する」という意味ではなく、経済学などで独特に用いられる「合理的、客観的に予想できる」という意味の言葉です。ですから期待リターンとは合理的、客観的な予想リターンのことを指します。ただし、合理的、客観的といっても、いま現在で利用可能な情報をもとに判断することしかできないわけですから、結果が本当にそのとおりになるとは限りません。ただ、平均的にみればそのくらいのリターンが得られる可能性が高いだろうというようなものです。

では、この期待リターンの源泉は何なのでしょうか。

最初に、国債への投資から考えます。国債は一般に安全資産と考えられているということでした。ですから、投資を考える場合にいちばん基礎となるのが国債投資なのです。国債を基準にして、次にリスクのある社債や株式の投資について考えていくということですね。

安全資産である国債への投資で得られるリターンは、リスクのない金利という意味で、**リスクフリー金利**と呼ばれます。もちろん国債も市場で時価が変動するものですから、途中で売却すればリターンはそのときの価格によって変動してしまいます。ただし、満期まで保有すれば買ったときに計算された利回りがそのまま実現するの

で、これをリスクフリー金利として考えます*。このリスクフリー金利は、リスクをとらずに得られる投資リターンということになります。

　では、リスクフリー金利は何によってもたらされるものなのでしょうか。リスクフリー金利は国債の利回りですから、第4章でみたように、長期的にみれば経済の名目成長率に近い水準となることが予想されます。つまり、国債に投資をするということは、名目の経済規模が拡大することの分け前を得るということになるわけです。これが投資というもののいちばん根っこにあるものです。

●社債と株式への投資で得られるリスク・プレミアム

　では次に、社債投資や株式の期待リターンはどうなるのでしょうか。これら、リスクのある資産の期待リターンは、上記のリスクフリー金利に、リスクをとることの対価であるリスク・プレミアムを加えたものだと考えられています。リスク・プレミアムは第3章で一度出てきましたね。もう一度簡単に整理しておきます。

　リスク・プレミアムはリスクの対価とされますが、この場合のリスクとは結果が確定しない不確実性を意味します**。人はこのリスクを嫌う傾向が強いと考えられるので、リスクを伴う資産には投資したがらず、そのようなリスク資産の価格は本来あるべき値段よりも安くなるはず、ということになります。たとえば、株の実際の価格は、その企業が将来生み出すと予想される期待利益から単純に計算される価格よりも安くなると考えられるのです。その安い値段で買ったことで得られる追加のリターンが、リスク・プレミアムです。

....

* 厳密にいえば、利付債に投資する場合、途中で受け取ったクーポン分のお金を再運用できるのですが、その再運用金利が買った時点では確定しないので、クーポン付きの国債の実現利回りは厳密には最後まで確定しません。クーポンのない国債（割引債）ならば、買ったその時点で利回りが確定できます。

** フランク・ナイトの定義によれば、発生確率を見積もることができる偶発性を"リスク"と定義し、発生確率を見積もることもできない不確実性と区別しています。この定義はとても重要なものですが、実際の実務上では両者を明確に区別しません。

このリスク・プレミアムの存在は、リスクが高い投資対象ほど期待リターンが高くなることを意味します。

さて、このリスク・プレミアムが具体的にどのくらいかは、残念ながら明確にはわかりません。過去の統計的な分析では、株式のリスク・プレミアムはおおむね年率で4〜7%くらいと考えられています。結構高いですね。第3章の図表10で示したとおり、このリスク・プレミアムを長期間複利運用で積み上げていくと、ただ安全な資産に投資するだけの場合と比べてけた外れの差が生じる可能性が高くなります。株への投資はリスクが高いからといって敬遠することは、このリスク・プレミアムをみすみす見過ごすことになってしまうともいえます。

社債についても少しみておきましょう。社債もリスクを伴う投資対象ですから、やはりリスク・プレミアムが存在すると考えられます。社債の利回りは、発行企業がデフォルトに陥るリスクを反映して、同年限の国債の利回りよりも高くなると第4章で説明しました。ですから、多数の社債に投資をしていた場合、一定の割合でデフォルトが発生して損失を被る一方で、国債よりも高い利回りでその穴埋めができると予想されます。これが社債の合理的価値です。そこにリスク・プレミアムが加わると、社債の高い利回りがデフォルトによる損失を補って余りあり、結果として国債に投資するよりもより良いリターンを残すことができる、ということになります。そしてこれも、実証的にはそのとおりなのです。

ここで簡単な結論を導き出すとすれば、もし長期的に運用に回すことができる余剰資金があるのなら、リスク資産に投資すべきということになります。ただし、気を付けなければならないのは、期待リターンが常に現実の成果に直結するわけではないということです。次に取り上げる予測不能な変動部分が加わるからです。

そうした予測不能な変動部分の影響が大きい場合は、一回一回の投資成果はその変動に左右されて大きく振れることになります。したがって、長期的な平均値である期待リターンが成果として現れるためには、繰り返し何度も試す必要があるのです。長期間、同じ手法によって投資を継続することでようやく期待リターンは得られや

すくなっていきます。

　もう一つ注意すべき点を挙げると、ここでの説明はあくまでも一般論です。一般論として株式や社債にリスク・プレミアムが含まれているといっても、それがいつも十分に存在するとは限りません。たとえばバブルというのは、投資資産の価格が説明不能なほどに上がってしまう状況のことですが、リスク・プレミアムという観点でみると、投資家のリスクに対する意識が低下して、リスク・プレミアムが大幅に圧縮されたり、場合によってはマイナスになったりしてしまうのがバブルだといえます。そんなときにリスク・プレミアム狙いで投資しても、長期間その重荷に苦しむだけです。

　リスク・プレミアムを投資リターンとしてきちんと得るためには、短期的な市場のムードに流されず、冷静に、客観的にリスク・プレミアムの所在を見極める必要があるのです。

SECTION 7-3

ランダムな変動
── はたして相場変動は予測できるのか

●相場の動きはランダムなのか

　投資のリターンは、期待リターンとランダムな変動の合成であるということでした。今度は、残りのランダムな変動に焦点をあてましょう。

　例として米国の代表的な株価指数であるS&P500をみてみると、1928年以降90年間の年平均リターンは約9.2%です。この数字には、価格の値上がりと配当の受け取りの両方が含まれています。期待リターンは正確にはいくらかわからないものですが、良い時期も悪い時期も含まれた超長期の実績平均リターンを期待リターンとして考えることは十分に合理的でしょう。細かいことをいえば、株式の期待リターンはリスクフリー金利と株式リスク・プレミアムの合成であり、リスクフリー金利とされる国債利回りの近年の低下傾向を考慮すれば、期待リターンはもう少し低くなるかもしれませんが、ここではこの9.2%という数字を期待リターンとみなして話を進めましょう。

　つまり、米国株式に投資をすれば年平均で9.2%程度のリターンが十分に期待できるはずということです。ところが、実際に年ごとのリターンの推移をみていくと、結果はとにかくバラバラなのです（次ページ**図表22**）。これが、期待リターンがそのまま成果に直結するわけではないことを示すものです。

　たとえば2008年には年間で−36.6%とひどい結果となり、翌2009年には逆に＋25.9%となりました。上にも下にも大きく振れるわけです。そして、その振れの大きさは9.2%という平均の大きさに比べてかなり大きなものとなっています。つまり、短期的な株式投資のリターンは、平均である期待リターンよりも、それ以外の変動部分のほうが大きく影響されています。

図表22 ● S&P500の年ごとのトータルリターンの推移

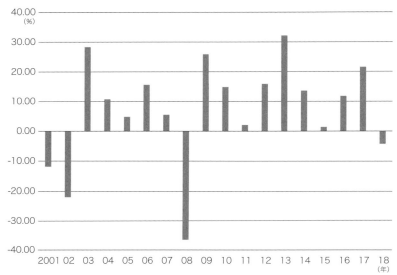

出所：ニューヨーク大学スターン・スクール・オブ・ビジネス　Aswath Damodaran教授HPより。

　ここで問題となるのは、こうした株式相場の平均からの振れは予測ができるものなのかどうかという点です。

　もし、振れが予測できるのだとすれば、上振れしそうなときに株をできるだけ買い、下振れしそうなときに株の保有額を減らせば、年平均で9.2％よりも大きな利益を得られるはずです。つまり、先ほど述べた期待リターン以外にも投資リターンの源泉があることになります。

　少なからぬ投資家は、こうした上振れや下振れの予測に精力を注ぎこんでいるように思います。投資に関する話題としては、今後の相場が上がりそうか下がりそうかが最も注目を集めるものだと思いますが、これこそ短期的な相場変動の振れを予測しようとしていることにほかなりません。ですが、残念ながらこの手の予測は、あまり当てにならないのです。

　株式の投資家は、こうした株式相場のタイミングを見計らった投資ばかりをしているわけではないでしょう。いくつか好みの銘柄を選んで集中して投資をすることで、株価指数を上回る成績を残そう

とする投資家も少なからず存在します。特定の銘柄のリターンは、株価指数を上回ったり、下回ったりします。株価指数というのはそうした各銘柄の平均ですが、各銘柄のリターンはその平均からやはり上振れしたり下振れしたりするのです。この銘柄ごとの振れを予想できれば、やはり年平均9.2％以上の成績を得られるはずです。こうした銘柄選択の話題も、株式投資家にとって大きな注目テーマの一つです。ところが、残念ながらこうした銘柄選択も、やはりあまり当てにはならないようです。

　理論的には、多様な投資家が取引に参加し、市場が十分にその機能を発揮すると、どのような手法を使ったとしても、市場平均、つまり株価指数を上回る成績を合理的に狙うことがむずかしくなると考えられています。そして、現実の市場でも、どうやらそのとおりであるようです。

　さまざまな実証研究が示唆するところによると、相場のタイミングを見計らったり、銘柄を選別したりすることで高いリターンを得ようとするファンド、これをアクティブ・ファンドと呼ぶのですが、彼らの平均的な成績は、結局、せいぜい株価指数と同等か、それを若干下回る結果に終わることが多いのです。つまり、相場の上振れや下振れ、あるいは銘柄ごとの上振れ下振れを実際には予測することができないか、そうした予測が多くの投資家が思っているよりもはるかに困難であることが示唆されています。

　相場や銘柄ごとの振れが予測できないということが、そうした部分に焦点を合わせて売買することでまったく利益が得られないことを意味するわけではありません。予測できない動きはランダムな動きと呼ばれますが、こうしたランダムな動きを予測すると、当たったり、当たらなかったりするのです。ただし、その成否の平均がゼロになるということです。

　しかもこのランダムな動きはとても大きなものなので、短期的には大きく成功したり失敗したりを忙しく繰り返し、しかし長い年月を経ると、その労力がまったく報われていないことがわかるといった感じです。そうだとすれば、結局それはたんなるばくちです。成功や失敗は生まれますが、そこに理由などなく、ただたまたま当た

ったり当たらなかったりするだけです。

　投資リターンのうち、期待リターン以外の変動要因はすべてこの予測不能な動きからなっていると考えるのが**ランダムウォーク**理論というものです。

　相場予測や銘柄選別は当てにならないというこの理論は、ある意味で夢のない理論であり、そのために投資家たちから忌み嫌われることも多いのですが、投資理論としてはぜひとも押さえておきたい基礎中の基礎だと思います。

　投資関連本のベストセラーであるバートン・マルキール著『ウォール街のランダム・ウォーカー』には、とても有名な話が紹介されています。サルにダーツを投げさせて、そのダーツが刺さったところに書いてある銘柄に投資をするのと、著名ファンドマネジャーが時間とカネをかけて投資をするのとで、基本的に違いはないというのです。

　いや、素晴らしい成績を収めるカリスマ・ファンドマネジャーだっているじゃないかという反論が聞こえてきそうですが、ランダムウォーク理論によれば、何百匹ものサルにダーツ投げをさせて、その結果どおりに投資をすれば、そのうちの何匹かは素晴らしい成績を上げ、別の何匹かはひどい成績を残すことになります。でも、それはたまたまです。

　人間のファンドマネジャーも同じで、何人かは素晴らしい成績を上げてカリスマとされますが、ひどい成績のファンドマネジャーもだいたい同程度います。平均をとると、ファンドマネジャーの費やした労力はまったく報われていないようにみえます。

●偶然以外の要素も存在するはずだが……

　相場の上下動や銘柄ごとの動きのすべてが本当に予測不能なランダムな変動だけで成り立っているのかというと、ここにはいろいろと議論の余地があります。

　バフェットの過去60年以上にわたって株価指数を大きく上回ってきた投資成績は、偶然だけでは説明できないでしょう。バフェットとはまったく正反対の投資スタイルをもつルネッサンス・テクノ

ロジーズ＊という運用会社が運用するメダリオンというファンドは、ファンド設定直後にわずかなマイナスを記録して以降、30年近くにわたってずっとプラスの収益を出しています。その年平均収益率は80％ほどに達するといわれていますが、これも偶然だけでは起きないでしょう。

こうした事例は、相場や銘柄ごとの動きのなかにも偶然以外の要素が確かに存在する証ともいえます。ですが、すべてではないにしても、相場変動の大部分が極めて予測困難なものだと考えることは、投資の出発点として、とても重要なことだと思います。なにしろ偶然では説明できないほどの継続的な成功を収める投資家は、本当にごく稀な存在でしかないのですから。

投資において、ランダムウォーク理論が示唆するように期待リターン以外の部分が完全に予測不可能なものだとしたら、投資家がコントロールできるのは期待リターンのみということになります。もちろんランダムな変動によって短期的には予想外に上手くいったり、上手くいかなかったりしますが、長い目でみればそうした変動はプラス、マイナスが相殺され、次第に投資成績は期待リターンによって左右されるようになっていきます。

次に述べるポートフォリオ理論など投資理論の多くは、こうした考え方を前提につくり上げられています。

＊創業者のジェームズ・シモンズは、秘密主義者で一般にはよく知られていませんが、"最も頭の良い億万長者"、"（バフェットを凌ぐ）世界一のファンドマネジャー"などと呼ばれています。

SECTION 7-4

ポートフォリオ理論と分散効果

●期待リターンを維持しながらリスクを減らす方法

　ポートフォリオは、もともと「保有する有価証券等の一覧」を指しますが、転じて運用資金をどのような資産に振り向けるかという運用資産の構成のことを意味する言葉として用いられます。さらに、さまざまな種類の資産に資金を振り向けて運用することをポートフォリオ運用といったり、そうした運用に振り向けられる運用資金そのものをポートフォリオと呼んだりもします。

　ポートフォリオ理論（MPT、Modern Portfolio Theory）というのは、運用ポートフォリオをどうやってつくればいいか、つまり投資資産や投資銘柄をどう組み合わせていけばいいかを考える理論です。金融数学がふんだんに使われる金融工学（Financial Engineering）の一分野ですが、ここでは数学的な説明は省き、結論だけをみていきたいと思います。この理論のとおりにすれば直ちに良い成績を残せるというようなものではありませんが、一般の投資家にとっても投資というものを考えるうえで大いに参考になるものだと思います。

　さて、このポートフォリオ理論では、期待リターンを維持しながら、リスクを少しでも減らすことを目指します。ポートフォリオ理論が対象とする範囲は何も株式投資に限ったものではないのですが、ここでは話をわかりやすくするために、株式投資に限って話を進めていきます。

　さて、ここでいうリスクというのは、先ほどの平均からの振れのことです。最初に登場した投資リターンの式に照らせば、ランダムな変動にあたる部分です。つまり、投資リターンを構成する要素のうち、ランダムな変動の影響をできるだけ抑えて、期待リターンを効率良く得られるようにしようというのがポートフォリオ理論の目的ということです。

ランダムな変動要因は、先ほどから述べているとおり、利益を生むこともあります。ただ、利益を生むのか損失を生むのかは合理的に予測できません。金融の世界ではそれを「リスク」と呼ぶのです。何よりも、不用意に大きな損失を被る事態は防がなければなりません。そのためには、ランダムな変動は抑えられる限り抑えるべきということになります。

●個別銘柄のリスクは分散投資で消すことができる

　ところで、リスク資産の期待リターンにはリスク・プレミアムが含まれているということでした。リスク・プレミアムはリスクをとることの対価ですから、リスクを抑えてなおかつリスク・プレミアムだけ得ることははたして可能なのでしょうか。残念ながら、リスクが抑えられれば、その分のリスク・プレミアムもまた消えてしまうのが金融の大原則です。ただ、消せるリスクと消せないリスクがあり、消せるリスクについてのリスク・プレミアムはなくなってしまうでしょうが、消せないリスクについてはリスク・プレミアムが残ると考えられます。

　少々話が込み入ってきましたが、ここまでの話のなかで、リスク（＝平均からの振れ）の種類として、株式相場全体、いってみれば株価指数の上下動のリスクと、個別銘柄の変動リスクの２種類を挙げてきました。ポートフォリオ理論では、このうちの個別銘柄のリスクは消せると考えます。ですから、この個別銘柄のリスク・プレミアムも存在しない可能性が高くなります。しかし、前者の相場全体が変動するリスクは、株式投資でリターンを狙う以上は消せませんから、その分のリスク・プレミアムは残ります。ですから、個別銘柄のリスクを極力抑えて、株式市場全体のリスク・プレミアムをうまくすくい上げることができれば、効率的な運用ができたことになります。

　それを実現するためにどうすればいいかというと、**分散投資**をすればよいのです。

　ポートフォリオ理論の肝となるポイントだけ説明すると、複数の銘柄を組み合わせて投資をする場合、期待リターンとリスクはそれ

ぞれ異なるふるまいをします。

たとえば同じ期待リターンを持つと考えられる銘柄を組み合わせた場合、期待リターンは元の水準が保たれます。5％の期待リターンを持つ銘柄に別の5％の期待リターンを持つ銘柄を組み合わせると、ポートフォリオの期待リターンは5％のままということです。

これに対してリスクは、異なるものを組み合わせることで減少していきます。たとえば、一定の確率で10％の値下がりをする銘柄と、別の同程度のリスクを持つ銘柄を組み合わせると、同じ一定の確率で生じるポートフォリオ全体の値下がり率は10％よりも小さくなるのです。

このリスクの削減効果が分散効果といわれるものです。ある銘柄が10％値下がりしたとき、別の銘柄も10％値下がりするとは限りません。もっと値下がり率が小さかったり、場合によっては上昇していたりするかもしれません。このような銘柄を組み合わせると、お互いの値下がり度合いが相殺しあって、リスクは減少するのです。

異なる銘柄を組み合わせることでどのくらいの分散効果が生まれ

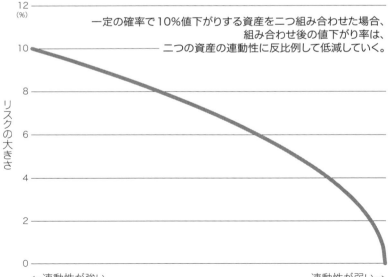

図表23 ● 複数資産の組み合わせと分散効果

るかというと、その組み合わせる銘柄の値動きがあまり連動しないものであればあるほど分散効果は大きくなっていきます。つまり、できるだけ値動きのパターンが似ていない銘柄を組み合わせると、大きな分散効果を期待できるというわけです（**図表23**）。

　こうして分散投資を進めていけば、余計なリスク（個別銘柄に伴うリスク）は抑えることができ、市場に残っているはずの株式相場全体の変動に伴うリスク・プレミアムだけを効率よく得ることができるようになるというのが、ポートフォリオ理論のいちばん重要な結論です。

SECTION 7-5

インデックス投資と銘柄選択

●究極の分散投資はインデックス投資

　ポートフォリオ理論は、要するに分散投資の勧めということでした。何だか大上段に振りかぶったわりにはごく常識的な答えが出てきましたが、このポートフォリオ理論の結論は、現実の投資運用においてもとても重要な意味を持っています。

　たとえば日本株に投資をする場合、どの銘柄を選んで投資をすればいいのでしょうか。ポートフォリオ理論によれば、できるだけ分散投資をするのが良く、その究極の姿は市場に存在するすべての銘柄に適切な比重で投資をすることです。そうすると、その運用ポートフォリオは TOPIX などの株価指数に連動するようになっていくはずです。だとすれば、株価指数に連動する投資こそが最も良い投資ということになります。このように、株価指数に連動することを目指す運用手法は**インデックス投資**またはパッシブ投資と呼ばれています。

　ここで気を付けるべき点は、ポートフォリオ理論が目指しているのが一定の期待リターンに対してリスクが最小になるような組み合わせだということです。そこで最善とされるポートフォリオは、決して期待リターンが最大になるものではありません。また、リスクを最小化すると、たまたまによる上振れも抑えられますから、たまたまによる短期的な成果も失われます。ここで最小化されるリスクは個別銘柄のリスクですから、それを抑える代わりに、選んで買っていた銘柄が大化けして大儲けするという可能性もまた消えるのです。でもそれは、長期的にみて合理的に獲得が予想されるリターンではありませんし、常にリスクと裏腹です。

　そうした余計なリスクを排除して、株式市場全体に内在する期待リターンを最も効率よく追求できる投資手法がインデックス投資と

いうことなのです。これが、ポートフォリオ理論が示唆する実際面での結論です。

　一般の投資家がインデックス投資を行なうのはかなり大変です。数多くの銘柄に投資をする必要があるので、ある程度まとまった金額が必要ですし、事務や管理も煩雑です。その場合は、投資信託などの商品を利用します。投資信託は、大勢の投資家の資金を集めて、それを運用会社がまとめて運用するファンドと呼ばれるものの一形態です。投資信託のうち、インデックス投資を行なうものをインデックス・ファンドといいます。また、投資信託には株と同じように取引所で売買できるETF（上場投資信託）というものもあり、株価指数に連動するように設計されたETFも多くあります。つまり、一般投資家はこうした商品を選べばよいということになります。

●インデックス投資の隆盛とそれに対する反論

　こうしたポートフォリオ理論に基づいた考え方には、批判もあります。インデックス投資は、たんに株価指数に連動するように機械的に投資していくだけなので、企業の分析をしたり、選別投資をしたりしません。良い企業も悪い企業も関係ないのです。投資家が良い企業を選ぶことで悪い企業の淘汰がすすみ、経済が活性化することが株式投資の大きな役割の一つだとすると、インデックス投資はそうした役割を放棄したものだといえます。

　投資運用業界としても、このポートフォリオ理論の結論は自分たちの存在意義を揺るがすものです。インデックス・ファンドの対極の存在として、先ほども触れましたが、企業分析を重ねて選別投資をするアクティブ・ファンドというものがあります。分析に手間暇がかかるために高い手数料が設定されます。これが投資運用業界の大きな収入源になっているのです。これに対してインデックス・ファンドやETFはそれほど高い手数料をとれません。

　こうしたことから、インデックス投資は長年、既存の投資運用業界をはじめとして厳しい批判にさらされてきました。ところが現実の成果をみると、アクティブ・ファンドの成績は平均的にその高い手数料に見合ったものになっていないことが多いのです。あくまで

も"平均的に"ということなので、良い成績を収めるファンドもあることはあるのですが、それを事前に見極めることは非常にむずかしく、決め手がないのが実情です。そうしたことの結果として、インデックス投資は長い年月をかけて次第に勢力を広げてきました。

現在では、インデックス投資は世界的に非常に大きな勢力になっています。それはある意味で、ポートフォリオ理論の勝利といえるかもしれません。

ただ、話はここで終わりません。ここまで伝説的な投資家、ウォーレン・バフェットの名前が何度か出てきました。彼の投資手法は、ごく少ない優良企業の株を割安と考えられる値段で買い、それをずっと保有し続けるというものです。インデックス投資とはまったく違います。むしろ分散効果を極力抑えた少数銘柄集中投資といえます。

ポートフォリオ理論とバフェット流銘柄選別投資は、米国の投資運用理論の世界では以前から大きな対立軸としてずっと議論の対象となってきました。インデックス投資の隆盛という世界的潮流は、ランダムウォーク理論やポートフォリオ理論がたんに机上の理論にとどまらずに、現実にも適用可能なものであることを示しています。ですが、理論はあくまでも理論であり、それで現実のすべてを説明できるものではありません。ポートフォリオ理論が見逃している投資リターンの源泉も、おそらく存在しているはずです。バフェットの成功は、そのことを示していると考えられます。

COLUMN

投資の世界的潮流——ESG投資とは

　理論的にいえば、市場というものは、特定の誰かが価格を決めるのではなく、大勢の市場参加者が取引を繰り返すことによって自然に価格を形成していくものです。それによって幅広い情報が価格に取り込まれ、結果として効率的な資源配分を実現することができる機能を持つと考えられています。その一方で、現実の市場は理論どおりの完全なものではなく、さまざまな弊害を生み出すこともあります。結局、現実の市場が期待される役割を果たせるかどうかは、市場の成熟度や制度の良し悪し、市場参加者の意識のあり方に大きく左右されるのです。

　その一つの例として、近年の研究では、投資家が短期志向で行動する結果、企業行動にも悪影響が及んでいる可能性が示唆されています。投資家といってもさまざまなタイプがいるわけですが、その多くは顧客から集めたお金を会社組織で運用する機関投資家であり、実際の意思決定はサラリーマンであるファンドマネジャーが担っているケースが多いと思います。組織としての機関投資家も、責任者としてのサラリーマン・ファンドマネジャーも、運用成績を詳細にチェックされ、短期間で成果が上がらないと資金を引き出されたり、職を失ったりします。ですから、日々のニュースに敏感に反応し、短期的な値動きについていかなくてはならないのです。

　こうした短期志向のお金が企業の株価を左右するわけですから、企業経営者も短期的な業績に意識を向けがちとなります。

　こうした市場の短期志向を是正するために、近年ではさまざまな取り組みが行なわれています。そのうちの一つであるコーポレートガバナンス・コードは、上場企業が整備すべき企業統治（コーポレートガバナンス）の仕組みについての考え方や基準を定めたものです。日本では、金融庁と東京証券取引所が取りまとめたものが公表されています。一言でいえば、企業の経営者選出や意思決定の透明性を高め、個人の独善ではなく、組織として有効な意思決定ができるようにしようとするものです。そうすることで、企業は大きな過ちを犯す危険を回避し、長期にわたって繁栄できる確率が高まると考えられます。

一方で、投資家の側にもコーポレートガバナンス向上に向けた投資行動を促す行動規範として定められたものがあり、これをスチュワードシップ・コードといいます。スチュワードシップは、財産管理人とか受託者としての責任というような意味です。

　日本では、金融庁が日本版スチュワードシップ・コードを公表しています。これらの「～コード」は必ずしも法的拘束力を持ちません。ですが、現実の投資においてもこうした長期的な視点が取り入れられる傾向が強くなっており、もう少し幅を広げた**ESG投資**として定着しつつあります。

　ESG投資のEは環境(Environment)、Sは社会(Social)、Gは企業統治(Governance)です。自然環境への配慮、社会問題への対処、企業統治改善への取り組み状況を、投資する企業への評価に取り入れるものです。2018年末には、世界でこのESG投資を行なう運用資金が30兆ドルに達したともいわれています。

　このESG投資でもっとも重要な点は、たんに倫理的に正しい投資をするということではなく、そうすることで長期的にみた投資リターンを高めることができるという考え方が背景にあることです。自社の短期的利益のために環境を害したり、社会的に悪影響を与えたり、不透明な経営を続ける会社が、長い目で繁栄を続けることはむずかしいでしょう。短期的な業績の浮き沈みではなく、長期的にどのような企業が持続する可能性が高いか、あるいは安定した利益を残せそうかという視点でみるときに、E、S、Gが重要な評価ポイントとして浮き上がってくるわけです。

　なんだ、金儲けかと思うかもしれませんが、たんに倫理を叫ぶだけで経済的なメリットが伴わない取り組みは、結局は長続きしないのです。

　コーポレートガバナンスやスチュワードシップという考え方の明確化、さらにESG投資という世界的潮流は、市場の欠点とされる短期志向を是正しようとする取り組みです。ただし、こうした取り組みが本当に成果を上げるためには、形式さえ満たせばいいという形式主義から脱却し、視点や発想をいかに転換できるかにかかっています。

　たとえば2015年に、東芝の不正会計事件が発生しました。東芝はそれまで、経営と執行の分離、社内カンパニー制度の導入、社外役員の登用、各種委員会の設置など、コーポレートガバナンス向上の先頭を走る会社の一つと考えられてきたのです。結局、そうした形式的な基準の整備だけでは、経営者の致命的な判断ミスや不正を防ぐことはできないということでしょう。

　持続可能性をキーワードにした長期投資への取り組みは、まだ始まったばかりといえます。

第 **8** 章

新しい金融の流れ

かつてないほどに巨大化した現代の金融は
いままさにその姿を大きく変えようとしています。
本章では、そうした新しい金融の潮流のいくつかについて
みていきます。

SECTION 8-1

デリバティブとは何か

●デリバティブ

デリバティブ（Derivatives）と証券化は、新潮流と呼ぶほどには新しくないのですが、現代の金融を語るうえで欠かせない存在です。

とくにこれらの取引は 2008 年に起きた世界的金融危機において極めて重要な役割を果たしました。世界の金融、ひいては世界経済をも大きく揺るがせかねないものとして順番に取り上げたいと思いますが、まずはデリバティブとは何かを簡単にみていきます。

デリバティブは、日本語では"派生商品（または派生取引）"と訳されます。何か元となる商品や取引があって、そこから派生してきた新しいタイプの取引というような意味合いです。元となる商品や取

図表24 ● 原資産の種類によるデリバティブの分類

原資産	主な商品名もしくは取引名
金利	金利スワップ、金利先渡契約、キャップ・フロア、スワップション、金利先物、金利先物オプション
（債券）	債券フォワード、債券オプション、債券先物、債券先物オプション
為替	為替フォワード（先物外国為替）、通貨オプション
株式	エクイティフォワード、エクイティスワップ、エクイティオプション、株価指数先物、株価指数オプション、株式オプション
商品	コモディティデリバティブ（総称）
信用力	クレジットデリバティブ（総称）
自然現象	
（災害）	災害（CAT）デリバティブ（総称）
（天候）	ウエザーデリバティブ（総称）

引のことを原資産というのですが、どのようなものが原資産になるかというと、実にいろいろなものが原資産として取引されています（**図表24**）。

デリバティブに関してぜひ頭に入れていただきたいのは、この取引の多様さと取引規模の大きさです。

デリバティブには、株や債券もそうでしたが、取引所で取引される上場デリバティブとそれ以外のOTCデリバティブがあります。このうち、OTCデリバティブの2018年末の取引元本残高は544兆ドルというとんでもない金額です。デリバティブの多くは、実際には元本のやり取りを省略することが多いので、これだけの金額が実際に動いているわけではないのですが、単純に比較すると、株式市場や債券市場などよりもよほど大きな市場規模となっています（**図表25**）。

上場デリバティブの売買も活発です。日本ではJPX傘下の大阪取引所がデリバティブ専門の取引所となっていますが、たとえば株価指数を原資産とする株価指数先物といわれるデリバティブ商品が

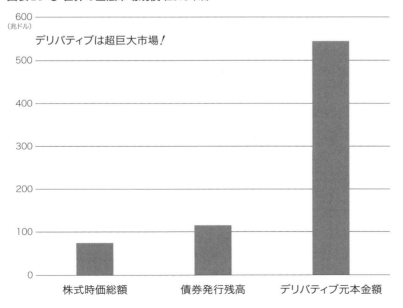

図表25 ● 世界の金融市場規模 (2018年末)

デリバティブは超巨大市場！

いくつか上場されています。そのなかで代表的なものとして、日経225先物、日経225先物ミニ、TOPIX先物があり、この3つを合計した1日当たりの売買金額は6.7兆円ほどあります（2018年度平均）。同時期の株そのものの1日当たり売買金額はおよそ3兆円なので、"派生"商品であるデリバティブのほうがはるかに大きく取引されていることになります。

●日経平均先物の仕組み

では、それほどまでに取引されているデリバティブとは具体的にどんな取引かというと、多種多様な取引をすべて取り上げていくことはできないので、ここではいま登場した日経225先物を例にとってみましょう。

このデリバティブは、日経225（日経平均株価225種）、いわゆる"日経平均"と呼ばれている株価指数を原資産としています。取引1単位が、日経平均の1000倍（ミニは100倍）になっているので、日経平均が2万円なら、1単位2000万円ということになります。

普通の株取引であれば、株を買って2営業日後にお金を払って株を取得します。この実際にお金や株が動く日が決済日です。一方、日経225先物では、"先物"という名がついているとおり、決済日が少し先の日付になっています。ですから先物を買っても、その日までお金を払う必要がないのです。

先物の値段は、もちろん市場での取引によって時々刻々と変化していきますが、おおむね原資産の日経平均に近い水準で推移していきます。もし2万円で買った先物を、決済日が来る前に2万1000円で売ったとしたら、結局、取引金額は一度も支払うことなく、売った値段と買った値段の差額だけを清算します。つまり、取引1単位当たり、（売値2万1000－買値2万）×1000で100万円を受け取って取引終了です。もちろん値段が下がったところで売ってしまえば、差額がマイナスになるので、それを支払って取引終了となります。

では、買ったまま決済期日を迎えたらどうなるかというと、取引所が算出した清算価格で売ったものとみなされて、買った値段とその清算価格の差額が清算される仕組みとなっています。結局、最後

まで取引金額そのものはやり取りせずに、価格が動いた分だけを清算するわけです。つまり先物は、お金を払わなくても原資産を買ったのと同じ効果をもたらしてくれるものということです。

先日付で取引を行なうことにはほかにもメリットがあります。普通の株を売ったら、その2営業日後には株を相手に渡さなければなりません。つまり、誰かから借りてこない限り、その時点で持っているものしか売れないのです。しかし先物は、株を渡すのも先日付なので、いま株を持っていなくても売ることができます。さらにいえば日経225先物では、先ほどのとおり、決済期日がくると売買価格と清算価格との差額が清算されるという仕組みをとっているため、結局は最後まで株を相手に引き渡すことにはなりません。ですから、相手に渡す株を持っていなくても自由に売ることができるのです。

要するに先物は、お金がなくても買え、モノがなくても売れる取引ということになります。実際には、この取引を行なうために証拠金というものを拠出する必要があるので、まったくお金が要らないわけではありませんが、通常、この証拠金の金額は取引できる金額に比べてかなり小さいので、先物取引の基本的な性質はここでの説明からほとんど変わりません*。

では先物はどんな使われ方をしているのかというと、お金が少ししかないのに大きな金額で取引したいというちょっと危険な使い方ももちろんできます。もう少し健全な使い道としては、たとえば1か月後にまとまったお金が入ってくるので株で運用したいが、この1か月で株価が大きく上昇してしまいそうだと予想されるときに、最初に先物を買っておくというようなことが考えられます。1か月間で株価が上昇して実際に株を購入するときの価格が上がってしまっても、先に買っておいた先物で利益を得られるので、チャンスを逃してしまうことは避けられます。もちろん予想が外れれば、余計

---

* 自己資金の何倍もの取引ができることを、レバレッジと呼びます。日経225先物の場合、時期にもよりますが、最大のレバレッジは概ね30倍ほどになります。

な損失が生じてしまいますが。

　あるいは、いろいろと企業の分析をして自分好みのポートフォリオをつくったとします。しかし、不穏な出来事が起きて、株式市場がしばらく下がりそうだとなったときに、先物を使わずにそのリスクを回避するためには、せっかくつくったポートフォリオを取り崩して売却しなければなりません。でもそれはきわめて非効率です。自分の選んだ企業ではなく、たんに市場全体が下がるリスクを回避したいのならば、自分の選んだ企業の株はそのまま残し、代わりに先物を売るのが最も合理的な選択肢です。

　一言でいえば、先物は極めて簡単に売買できるので、どんな目的であれ機動的に使うことができるというわけです。なかには危険な使い道もあれば、きわめて合理的な使用方法もあります。一般にデリバティブは危険というイメージがあるかもしれませんが、要は使い方次第です。便利なものほど、使い方をよく考える必要があるということです。

●何でもできるOTCデリバティブの不思議な世界

　ここで紹介した日経225先物は上場デリバティブです。デリバティブの世界ではそれ以外にOTCデリバティブがこれまた巨額に取引されているということでした。そのうちとくに取引量が大きいのが、金利スワップという取引です。スワップはキャッシュフローを交換する取引のことで、とくに同一通貨・同一元本で計算方法が異なる2種類の金利を交換するのが金利スワップです。いちばんよく行なわれているのが、一定期間同じ金利で計算される固定金利と、LIBORなどその時々の市場金利で計算されるため毎回金額が変わる変動金利を交換する取引です。詳しい説明は省略しますが、こうした取引は主に、金利が変動することによる不利益を回避する目的で行なわれます。

　OTCデリバティブの特徴は、何といっても取引の自由度が高いというところにあります。OTC取引は、取引所を介さずに、取引相手と相対で取引するものでした。ですから、相手と合意できればどんな取引も可能なのです。

とくにデリバティブは、価格を計算するための数学的理論が精巧に構築された世界です。数学的に価値が計算できるものであれば、値段も算出できます。そうした理論的な価格をよりどころにしてさまざまな取引を行なうことができるのです。

この自由度の高さは、企業などの個別のニーズにぴったりと合うようにカスタマイズされた取引が容易につくり出せるというメリットを生みます。同時に、場合によっては、あまりに複雑で理解に苦しむような取引が生み出されてしまうこともあります。

OTCデリバティブは、基本的には相対で取引をするものですが、しばしば債券など投資商品のなかに組み込まれて投資家に販売されることがあります。OTCデリバティブは、契約書の締結や、時価算出、リスク管理などのシステム対応等々、自分で取り組むにはそれなりの準備が必要ですし、通常、取引金額も大きめです。でも債券のなかにデリバティブの仕組みが含まれているだけなら、少額から簡単に利用することができます。

そうした投資家向けにデリバティブが組み込まれた債券がつくられているのです。これが仕組債と呼ばれるものです。ただ、なかには、組み込まれたデリバティブが非常に複雑なものになっていて、中身を十分に理解できない投資家に大きなリスクを押し付けてしまうものが売りに出されるようなこともあります。

デリバティブは数理的な計算に基づいて価値が計算されるものでした。その技術を使えば、いくらでも高い利回りの商品をつくり出すことができます。ただ、何でもつくり出せてしまうといっても、無から有をつくり出せるという意味ではありません。デリバティブで生み出される高い利回りは、リスクを負うことの対価としてのみ生み出されます。デリバティブは厳密な数理計算の世界ですから、この原則に例外はありません。

デリバティブの詳細な計算過程がわからなくても、この基本さえ押さえておけば大けがを負う危険は低減できるはずです。ですが、低金利環境が続くなかで、多くの投資家は利回りに目がくらみ、複雑な仕組みのなかに隠されたリスクに意識を向けなくなってしまいがちです。

第8章 新しい金融の流れ

　OTCデリバティブは、便利さや自由度が高いがゆえに、いろいろな使い道ができてしまいます。メリットとデメリットのどちらを得られるかは、やはり結局は使い方次第ということです。

SECTION 8-2

証券化とは何か

●金融の一大イノベーション

　デリバティブと並んで、現代の金融に欠かせない一大イノベーションの一つとして位置付けられるのが**証券化**（Securitization）です。証券化は、第2章で登場したアセット・ファイナンスの一つです。資産ではなく事業が証券化されることもあるので、その場合はプロジェクト・ファイナンスの一種ということになります。いずれにしても、企業の信用力ではなく、特定の資産もしくは事業から生み出されるキャッシュフローのみを返済原資としたノンリコース型ファイナンスの一形態です。証券化では、こうしたノンリコース型の出資や融資の権利が、多くの投資家が売買できるように有価証券等の形をとります。したがって証券化というわけですが、証券化のなかで生み出される有価証券等を証券化商品と呼びます。

　証券化商品には、債券の形をとるもの、出資証券の形をとるものなど多くのバリエーションがあります。第4章で出てきたRMBSは、住宅ローンを裏付けの資産とした証券化商品で、債券の形をとっています。不動産投資信託（REIT）も証券化商品の一種で、賃貸用の不動産を裏付資産として発行される出資証券です。

●証券化の仕組みとメリット

　証券化の一般的な仕組みは次ページ**図表26**のようになります。アセット型の証券化の場合、対象となる資産をもともと保有していた当事者をオリジネーターと呼びますが、一般的な証券化では対象資産がこのオリジネーターからSPV（Special Purpose Vehicle）に売却されます。SPVは、簡単にいえば証券化のための器のようなものです。実際にはいろいろな形態のものがありますが、ペーパーカンパニーなどが多く使われます。一般の株式会社や合同会社などが使われる

図表26 ● 証券化の仕組み

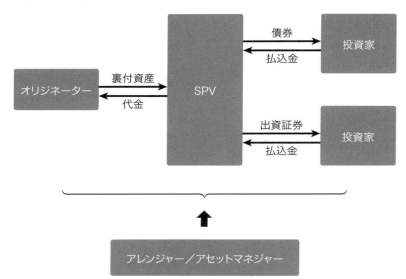

（証券化の仕組みを設計したり、裏付資産の選定などを行なったりする）

場合には、とくにSPC（Special Purpose Company）と呼びます。

　ペーパーカンパニーというと何やら怪しげなイメージを抱くかもしれませんが、証券化によってつくり出される証券化商品が、特定の当事者の信用リスクに影響を受けないようにするためにわざわざ用いられているもので、いわば投資家保護のために用意された器です。

　ペーパーカンパニーは、債券や出資証券を投資家に販売して得たお金で、対象資産をオリジネーターから買い取ります。そして、その対象資産から生じるキャッシュフローが、諸費用を控除したうえで投資家への返済や配当の原資となります。

　証券化も、デリバティブと同様に、いろいろなものを対象にすることができます。証券化の大まかな分類を**図表27**に示しました。ある程度キャッシュフローの発生を合理的に見積もれるものであれば、原理的には証券化が可能です。

　たとえば、証券化の黎明期には銀行の不良債権が多く証券化の対象となりました。不良債権とは回収が危ぶまれる融資債権のことで

図表27 ● 資産証券化の主な分類

裏付資産	主な具体例	
金銭債権	自動車ローン、クレジットカード債権、リース債権……	
不動産担保債権	商業用不動産担保ローン	
	住宅ローン	←RMBS
不動産	賃貸用不動産	←REIT
貸出債権	銀行ローン	
	社債	
デリバティブ	クレジットデリバティブ	
証券化商品		←再証券化商品

すが、不良債権といっても、債権全額の回収はむずかしくとも、通常は一定の割合では回収が見込まれ、したがってキャッシュフローが生じます。銀行からすれば不良債権であっても、その見込まれるキャッシュフローの価値に照らして十分に安い価格で購入できれば、投資家にとっては高いリターンを期待できる投資対象になるのです。

　もちろん銀行は貸出債権を安い値段で売却した時点で損失が確定しますが、むしろそれがオリジネーターである銀行からみた証券化のメリットでもあります。この場合、証券化は不良債権を投資家に売却することと同じです。それによって銀行は、不良債権から解放されて身軽になると同時に、不良債権の含み損がどんどん拡大してしまうかもしれないリスクから逃れることができます。そして、全額ではないとしても、売却価格分はお金を受け取れるので、それを使って新しいビジネスに向かうことが可能になります。不良債権の重荷に苦しむ銀行にとって、証券化は再出発をするための重要なツールとなるのです。

　もちろん、証券化がうまくいくためには、その証券化商品に魅力

を感じる投資家がいることが前提となります。投資家にとっての証券化のメリットは、同程度のリスクをもつ他の社債等と比較して、より高い利回りが得られることが多いという点がまず挙げられます。同時に、普段なかなか投資できない資産に投資ができることも重要なポイントです。

例として不動産を考えましょう。不動産は金融商品ではなく実物資産なので、本書ではここまで扱ってきませんでしたが、実際には投資対象として非常に重要なものです。投資対象となる不動産は一般には商業用不動産といって、賃貸用のものが主ですが、賃貸用不動産は賃料収入をもたらすので、債券と同様に定期的なキャッシュフローを得られる投資資産となります。同時に、債券は一般にインフレに弱い資産ですが、不動産はインフレが起きると価格が上昇するので、インフレに強い資産だといえます。その分、価格変動リスクは債券よりも大きくなりますが、株式に比べればそれほど大きくはなりません。

第7章のポートフォリオ理論では、異なった性質を持つ資産を組み合わせると、リターンを維持しながらリスクを抑えることができるという結論が導かれました。不動産は、債券や株式とは異なる性質を持つ資産なので、ポートフォリオ理論の観点からも非常に重要な投資資産となります。

ただし、不動産は投資家のあいだで頻繁に売買することを前提とした有価証券とは異なり、実際に売買するにはさまざまな手続きが必要であり、何よりも一件当たりの金額が大きくなりがちです。だれもが手軽に投資対象にできるものではありません。ここで不動産の証券化が活きてきます。REITはこの不動産証券化の代表選手ですが、商業用不動産の運用から得られる収益の分配を受け取る権利を、普通の株式と同じように取引所で売買できるように制度がつくられています。

このように証券化は、投資家にとって、投資対象資産の種類を広げ、小口から低コストで投資できるようにしてくれるものといえます。

●証券化商品のリスク

　証券化は、世界の低金利化と軌を一にするようにして発展してきました。債券の運用利回り低下に苦しむ投資家にとっては、少しでも高い利回りを提供してくれる債券型の証券化商品がまさに救世主となったのです。

　もちろん証券化商品には、特有のリスクもあります。裏付資産がユニークなものであれば、その資産特有のリスクも生じるでしょう。場合によっては、十分に投資家保護の仕組みが取り入れられていなかったり、不測の事態に対する備えがされていなかったりするような欠陥商品もあるかもしれません。

　また、証券化商品は、上場されているREITなどは別にすると、一般的な株式や債券に比べて売買がそれほど活発に行なわれていないものが多く、手放したくなったときに思うように売れないリスクがあります。こうしたリスクを**市場流動性リスク**といいますが、一般に証券化商品は市場流動性リスクが高いのです。

　さて、デリバティブのところで、OTCデリバティブはカスタマイズが容易な一方で、ときに複雑怪奇な商品も生み出してしまうという話をしました。実は証券化商品にも同じことがいえます。

　世界中の金利が低下し続けるなか、少しでも利回りの高い証券化商品を生み出そうと、非常に複雑な仕組みの商品が生み出されることがあります。

　たとえば、再証券化商品と呼ばれるものもそうです。何かを裏付資産として発行された証券化商品を集めてきて、今度はその証券化商品の集合体を裏付資産としてもう一度証券化するのです。理屈のうえでは、再証券化商品を集めてきて再々証券化をすることも可能で、実際にそのような商品が次々と生み出されていったこともあります。

　こうした再証券化では、もともとの裏付資産のリスクが凝縮された非常にリスクの高い商品が生み出されることがあり、そのことを十分に理解していない投資家が想定外の大きな損失を被ってしまった事例も多くみられます。

　さらにデリバティブの証券化というものもあります。具体的には、

クレジットデリバティブという企業等の破綻のリスクを売買するデリバティブ取引があるのですが、この取引を使って証券化をすると新たな投資用の商品をつくり上げることができます。たとえば、トヨタは社債をほとんど発行しませんが、そのトヨタの破綻リスクをデリバティブで取引することはいくらでも可能で、それを使うとトヨタが破綻したときにだけ損失を被るトヨタ社債と同等の投資商品をいくらでも生み出すことができます。

　これ自体はイノベーションと呼ぶべきものですが、やりすぎるとおかしな事態が生まれます。トヨタの社債が実際には世の中に100億円しかなかったとしても、同じ効果を持つ投資商品がいくらでも存在しうるというような状況が生まれるのです。

　現実のトヨタはとても信用力の高い企業ですが、仮にトヨタが破綻した場合、実際に発行された社債の保有者が損害を受けるのは当然として、デリバティブと証券化によって生み出された類似商品が多く存在していれば、損失の額も損失を被る投資家も、その何倍にも膨れ上がる可能性があるのです。

　デリバティブは、合理的に価値を計算できるものならどんなものでもつくり出せてしまう特性を持っています。証券化は、キャッシュフローの合理的な見積もりができるのなら何でも投資用の商品に仕立てあげられてしまう特性を持っています。この2つが一体になることで、さまざまな投資商品が、ときに過剰に世の中に出回ることになります。

SECTION 8-3
金融新技術が引き起こした金融危機

●リーマンショックはなぜ起きたのか

2008年に起きた世界的な金融危機、いわゆるリーマンショックについては、第1章のコラムでも取り上げましたが、ここでは、本章で説明してきたデリバティブと証券化がこの危機にどうかかわったのかを中心にみていきたいと思います。

リーマンショックの元凶は、米国で人気だったサブプライムローンと呼ばれる審査基準の甘い住宅ローンだったとされています。そのこと自体は間違いではありませんが、米国における少し特殊な住宅ローンの一部が不良債権化したことが、なぜあれだけの世界的な金融危機を引き起こしたのかという点については、証券化やデリバティブが深くかかわっています。

金融危機の芽がどのように育まれたのか、簡単に振り返っておくと次のようになります。

- 証券化商品を求める投資家のニーズに合わせて、サブプライムローンもその対象となっていった
- 証券化されることで、サブプライムローンに世界中の投資資金が流入するようになり、その市場が一気に拡大した
- サブプライムローン市場が急拡大するなかで、その資金が投機的な住宅投資に用いられるなど不健全な貸出が急増していった
- サブプライムローンを裏付けとした証券化商品が次々と生み出され、さらに再証券化やデリバティブ取引との一体化によってさらに複雑な投資商品となり、それが世界中の投資家に拡散した

そして、不動産価格が低迷して返済不能に陥るサブプライムローンが増えていくと、関連した証券化商品やデリバティブの価値が急

落し、世界中で金融機関や投資家に大きな損失が発生します。

●複雑で巨大な金融市場は世界経済の最大のリスク要因

この一連の過程のなかでとくに見逃せない点として、なんでもつくり出せてしまうデリバティブの特性が極めて不適切に発揮されてしまったことがあります。先ほども触れたように、デリバティブは、特定の資産に連動する取引を自由につくり出すことができます。サブプライムローンのリスクに連動する投資商品についても、デリバティブが絡むことで、実際に存在するサブプライムローンの残高以上につくり出されていきます。しかも、それらが証券化されることで、内在するリスクを十分に理解できない投資家にもリスクがばら撒かれることになりました。

これが、サブプライムローンの問題を世界的な金融危機にまで拡大させた主因です。リーマンショックは、金融発の経済危機です。実体経済が関係していないわけではもちろんありませんが、基本的に、複雑化し巨大化した金融市場の行き過ぎと混乱が世界経済を巻き込んだのです。

複雑で巨大になりすぎた金融市場は、世界経済にとっていまや最大のリスク要因の一つとなりつつあります。ですが、だからといって金融市場のお金の流れを止めてしまうことはできません。危機の源となったデリバティブや証券化も、危険だからといって止めてしまうことは現実的に無理でしょう。それにデリバティブも証券化も、使い方によっては大きなメリットを生むものです。何とも当たり前のことをいうようですが、危機の芽を摘むためには、すべての関係者が金融技術とその背後にある基本原則を正しく理解し、適切な使い方を心掛けていくしかないのだと思います。

SECTION 8-4
仮想通貨

●台頭してきた仮想通貨

　世界的な金融危機のさなかにあった2009年初頭、**仮想通貨**ビットコインの運用がひそやかに始まりました。ちなみに、ビットコインとその基盤技術である後述のブロックチェーンは、サトシ・ナカモトという人物が考案したとされています。ただしサトシ・ナカモトの正体は現在でも明らかになっていませんし、日本人であるかも定かではありません。いずれにしても、当初、限定的なネット・コミュニティのなかだけでやり取りされていたビットコインは、アングラマネーを引き寄せたり、技術オタクや新しいもの好きの投資家たちを巻き込みながら少しずつ発展をつづけました。認知度の高まりによって2017年に入ると急激に価格が上昇し始め、さらに多くの投資家が群がるようになってブームとなります。その後、価格の暴落を経験するなど一時の熱狂は冷めましたが、2019年9月時点で、時価総額は20兆円ほどになっています（次ページ**図表28**）。

　また、2019年6月には、フェイスブックが独自の仮想通貨リブラの発行構想を発表し、これに多くの企業が参加を表明したり、逆に各国当局が懸念を表明したりと、大きな話題となっています。

　仮想通貨とは、デジタル通貨とか、暗号通貨ともいわれます。紙幣や硬貨など物理的な実体を持たず、コンピュータ・ネットワークのなかだけで発行され、流通する通貨です。いったいなぜそんなものが必要になるのでしょうか。あるいは、それに本当に価値はあるのでしょうか。

　そのことを考えるには、まず通貨とは何かという金融における根源的な問いについて考える必要があります。

図表28 ● ビットコイン価格と取引額の推移

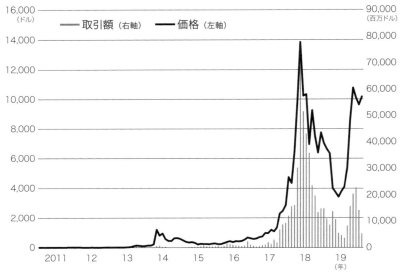

出所：Yahoo! Finance

●通貨とは何か

　通貨は、貨幣とかマネーとかいろいろな呼び方がありますが、それによってモノが買える社会共通の交換手段のことです。原始的な社会では、たとえば貴金属や穀物など実物資産が交換手段として使われることもありますが、こうした実物資産にはそれ自体にモノとしての価値があります。それに対して通貨とは、それ自体のモノとしての価値にかかわらず、交換手段としての独自の価値が認められ、広く使われるものを指します。

　日本では、1万円札（日本銀行券）を出せば値段が1万円のモノを買うことができます。1万円札は、ある意味、たんなる紙切れに過ぎないのですが、それで高価なモノを買うことができるのです。それは、日本国内で行なわれる売買の対価として、円という通貨の受け取りが法律で義務付けられているからです。こうした法律上の裏付けを持つ通貨が法定通貨です。

　もっとも、実際に円という通貨を使う場合、多くの人は法律上の裏付けなどとくに意識していないと思います。円は円であり、いつ

でもそれでモノが買えるとごく当たり前に思っているわけです。つまり法定通貨といえども、それが安定して使われるためには、交換手段としての通貨の価値への信頼がごく当たり前のものとして社会に定着している必要があります。これを**通貨の信認**と呼んでいます。

　もし通貨の信認が失われれば、いかに法定通貨であったとしても、誰もそれを保持したいとは思わず、価値が激減します。これがハイパーインフレーションと呼ばれる急激なインフレを引き起こす原因になります。

　逆にいえば、法律で定められていなくても、通貨として社会の信認を得られるものであれば、それは十分に通貨となり得るのです。信認が得られるためには、保有者の権利が守られ、その通貨の流通が行なわれるシステムの頑健性も必要です。そのために、多くの仮想通貨の発行・流通の管理には、ブロックチェーンと呼ばれる技術が用いられています。

　ブロックチェーンは、ネットワーク上の多数のコンピュータが取引情報などを同時に記録し、それらをすり合わせ、つなげていくことで、ネットワーク全体で信頼性の高い記録を保持する技術です。1台のコンピュータに情報を集める中央集権型のクライアント・サーバー型システムとの対比で、分散台帳型システムと呼ばれる仕組みの一種です。システムとしての頑健性に優れ、しかも低価格で実現できる革新的な技術といわれています。

　このブロックチェーン技術に支えられるビットコインは、実は米国特有の無政府主義的な政治思想を背景に生み出されたものです。米国には、個人の自由を最大限に追求するリバタリアニズムという考え方が一部に非常に強く根付いています。日本にはこういうタイプの考え方はほぼ存在しないので実感が湧きづらいのですが、政府の介入をとことん嫌い、なかには中央銀行や法定通貨にさえ敵意を向ける人たちもいます。

　彼らにいわせれば、ドルや円などの法定通貨は、国家によっていくらでもその価値が薄められてしまう危険性のあるものであり、個人が本当に頼れるものではないということになります。ビットコインは、このような通貨の無政府主義とでもいうような考え方から生

じたわけです。

とはいえ、いまの仮想通貨にはそうした政治的主張の色合いはほとんどなくなりました。仮想通貨が世間から注目されるようになると、ビットコイン以外にもさまざまな仮想通貨が生み出され、また多くの企業や投資家がなだれ込んできて、だんだんと別のものになっていったのです。何しろ2017年1年間だけで、ビットコインの価格は14倍近くにまで跳ね上がりました。無政府主義とは関係のない投資家が、目の色を変えて参入してきたのも当然といえるでしょう。

●仮想通貨の価値とは？

しかし、ビットコインのように価格が激しく変動するものが本当に通貨として有用なのでしょうか。残念ながら、ビットコインやその他の仮想通貨は、一般の社会で広く通貨としての信認を得ているとは言い難いでしょう。ビットコインで支払いができるモノやサービスはもちろんありますが、一般的とまではいえません。それに、普通の生活をしている限り、ビットコインがなければ困るというようなこともほとんどありません。

では、20兆円もあるビットコインの価値は一体何の価値なのでしょうか。

気軽に売買できる何らかの資産の価格が、理由はともかく大きく上昇したとします。そうすると今度は、価格が上昇したことが理由となって、さらなる価格上昇が起きることがあります。この過程では、その資産の本源的価値はほとんど関係ありません。価格が大きく上昇し、それによって大儲けをした人が続出したという事実が重要なのです。その事実と、人に乗り遅れたくないという心理が合わさって、多くの人々がその資産に殺到します。とくに世の中での流通量が限られている資産、つまり希少性のあるものであればなおさらです。

これこそ、まさにバブルですね。そして、こうした出来事は仮想通貨に限らず歴史上何度も繰り返されています。1637年に隆盛を

極めるオランダで生じたチューリップ・バブル*では、チューリップの球根がその対象となり、観賞用や趣味・研究のニーズからくる本来の価値を超えて値上がりを繰り返し、希少種では家1軒分ほどの値段にまで急騰したといわれています。

　投資と投機は実際には区別することがむずかしいという話を以前にしましたが、ここでの説明には投機という言葉がふさわしいと思います。ビットコインをはじめとした仮想通貨の価値には、こうした投機的な価値が少なからず含まれているようです。そもそもビットコインは希少性を維持するために発行数量が限られるように設計されており、それが投機の対象になりやすいという面を生みます。ただ、ビットコインの価値はそうした投機的価値がすべてというわけでもなさそうです。

　あまり望ましいことではありませんが、ビットコインなどは匿名性が高く、不法取引やマネーロンダリングなどに使用されるという懸念があります。マネーロンダリングは、資金洗浄ともいわれ、不法に獲得した資金をさまざまな経路を通すことで追跡できなくすることを指します。善い悪いは別として、ビットコインにはそうした面からの使用価値があることは間違いないでしょう。

　また、無政府主義から出発したという点が価値を生んでいる部分もあります。世界のなかには、経済が疲弊し、インフレに伴って通貨の価値が急落する国がしばしば現われます。その国民が資産の多くを預金など自国の法定通貨建てで保有していれば、それだけでみるみるうちに自分の資産の価値が減少してしまうことになります。このようなときに、ビットコインなど仮想通貨は資産価値を保全する有力な手段になりえます。つまり資本逃避手段としての需要です。

　従来は、こうした資本逃避の手段として、金や米ドルが使われることが多かったのですが、ビットコインは金やドルに比べて、手に入れたり、持ち運んだりするコストが圧倒的に低いというメリットがあります。ただし、金やドルに比べると価格が急激に動くリスク

---

*ここでは"バブル"と表記しましたが、英語では"Tulip mania"と呼ばれています。

もあります。

　さて、最後にフェイスブックのリブラについても触れておきましょう。リブラは、明確な価値の裏付けがないビットコインとは違って、発行時にドルなどの法定通貨を裏付資産として保有する仕組みになっています。本源的価値を持たせ、それによって価格の変動を抑えて通貨として利用しやすくする目的です。

　では、なぜ法定通貨のままではだめなのかというと、世界にはスマホは持っているけど銀行口座は持たないという人々が非常に多くいるからです。銀行に口座を持たなくても、リブラを保有すればネット上で資産として管理できます。彼らが外国に出稼ぎに行き、遠く離れた家族にお金を送る場合にも、法定通貨なら通貨の交換や送金に非常に高い手数料がかかり、手続きに時間もかかります。リブラを使えば、こうしたことも機動的に低コストで行なえるのです。

　ただしリブラに関しては、個人情報保護の観点や、中央銀行が管理しない通貨の流通増によって金融政策の効果を薄める懸念などから、各国当局がさかんに牽制しています。

　いずれにしても、仮想通貨の登場は、通貨とは何なのかという古くて新しい問いをあらためて考え直すきっかけになるものといっていいでしょう。

SECTION 8-5

フィンテックとAI

●テクノロジーを活用して金融ビジネスを再創造

フィンテックは、金融（finance）とテクノロジー（technology）を組み合わせた造語です。フィンテックが意味する範囲はとても広く、いま取り上げた仮想通貨もこのフィンテックの重要な柱の一つです。

その他のフィンテックの重要な分野としては、大まかにいうと、電子決済もしくはキャッシュレス決済、クラウドファンディング／ソーシャルレンディング、トランザクション・レンディングなどデータ分析にもとづく融資の自動化、ロボットアドバイザーなどを利用した資産運用サービスの自動化などが挙げられます。

電子決済は、現金や銀行送金などを使わずに決済を行なう仕組みで、カード型のものと、スマートフォン型のものがあります。フィンテックといったときに最も身近なものとしてイメージされるのがこの分野でしょう。日本でもすでにさまざまなサービスが普及していますが、一般論として日本では現金志向が強く、他の国と比べて電子決済の普及度が低位にとどまっています。一方で、中国などではスマートフォン決済が広く浸透しています。

クラウドファンディングやソーシャルレンディングは、インターネットの特徴を生かして、従来であればなかなか資金を調達することがむずかしかった小規模な事業や特殊なプロジェクトの資金を、ネット経由で小口資金を募ることで調達する仕組みです。そのうちクラウドファンディングには、特定のプロジェクトに賛同する人から寄付を募るタイプのものや、商品が完成したときにそれを購入する代金を前払いする形で資金を拠出する購入型のものなどがあります。

ソーシャルレンディングは、広い意味ではクラウドファンディングの一種ですが、レンディング（貸出）という言葉どおり、資金の拠

出がレンディングという形をとっており、事業がうまくいけば元本と利息の返済を受けることになります。

これらは、ネット上で不特定多数の投資家を直接募るというクラウドサービスの特徴を生かした新しいタイプの金融です。一方で、金融業者が貸出を行なうに際して、コンピュータによるデータ分析や判断を組み合わせることによって業務を効率化し、利用者のすそ野を広げるタイプの新サービスもみられます。その代表的なものが、トランザクション・レンディングです。

トランザクション・レンディングは、売上や製商品の売買記録、資金の流れなどに関するデータを集め、それを AI で分析して貸出の是非や貸出条件などを即座に判断し、機動的に貸出を実行するものです。従来型の貸出業務では、そうしたリアルタイムに近いトランザクションベースの情報は用いられず、過去の決算資料などさまざまな財務資料をもとに、時間と手間暇をかけて審査し、そのうえで貸出の判断が行なわれます。時間がかかりますし、その分、ある程度まとまった金額でないと貸す側の採算も合いません。一方のトランザクション・レンディングでは、機械的に低コストで貸出が実行できるため、少額からのニーズにも機動的に対応ができます。

これらフィンテックによる新サービスは、これまで主に銀行が担ってきた決済や貸出などの金融ビジネスを、テクノロジーを駆使することでまったく新しい視点から再創造するものといえます。

そうしたことから銀行業界でも、新興のテクノロジー企業と提携しつつ、フィンテックによる新サービスの開拓に取り組む動きがみられます。ただし、フィンテックは基本的にコストが低く機動的であることが大きなメリットです。これに対して従来の銀行は、いわゆる装置産業型の業態であり、店舗や巨大システムなど固定費がかさむ経営構造を持っています。フィンテックへの対応やそれによる新サービスの取り込みは、そうした銀行の経営構造に大きな影響を与えることが予想されます。

決済や融資以外に、資産運用サービスでも同様の構図があり、多大な設備や人手をかける従来型のサービスはかなり手数料が高いという面があります。銀行や証券会社の窓口で勧められる投資信託な

どの商品は、一般に手数料が割高なものがほとんどです。コストをかけ、その分高い手数料をもらうというのが従来型のビジネスモデルだからです。場合によっては、手数料を稼ぐがために、顧客のニーズを度外視して投資商品を強引に勧めたり、短期間で売買を繰り返させたりするようなことが起きることもあります。こうした手数料ありきのビジネスモデルが、日本の資産運用サービスの発展を阻害してきた一因にもなってきました。

そこでフィンテックの出番です。この分野における代表格はロボットアドバイザーでしょう。ロボットアドバイザーは、コンピュータの自動プログラムによって、国内株式や海外株式といった特定の市場を投資対象とするETF等を組み合わせて、国際分散投資を少額から簡単に実現するようなサービスです。利用者に簡単なアンケートを実施し、そのリスク許容度などを判断して適切なポートフォリオを瞬時に判断します。そのロジックとしては、基本的に第7章で出てきたポートフォリオ理論が用いられています。

こうしたサービスは、中身としてはさほど目新しいものではありませんが、人手を介さずにテクノロジーで自動的に提供されるものであり、投資対象も低コストで売買できるETFなどを利用することで、従来はそれなりの手数料を払わなければならなかった国際分散投資を低コストで実現してくれるわけです。

ここまで簡単にみてきたように、フィンテックは、いままで何かと時間や手間暇を要し、敷居の高かった金融サービスを、もっと身近なものとして、手軽に低コストで享受できるようにするものです。フィンテックの発展により、金融は以前よりもずっと身近なものになっていくことは間違いないでしょう。

● **投資の主役はAIに？**

従来は超高給取りのインベストメント・バンカーやヘッジファンドのマネジャーが主役を張っていた金融市場でも、テクノロジーの躍進には著しいものがあります。

前にも少し触れましたが、いまや株式市場などの売買の過半は、人ではなく、コンピュータが実行しています。これらは一般にロボ

ットを略してボットと呼ばれています。HFT（高頻度取引）というコンピュータ取引では、ボットがミリ秒（1000分の1秒）単位、もしくはさらにもっと高速で売買を行ないます。こんなハイスピードの売買は、人の手ではとてもできるものではありません。

みなさんが証券会社を通じて株の売買注文を出したとき、その相手方が人ではなくボットであることは、いまやごく普通に起きていることです。

一般の投資家にとって、HFTの存在にはメリットもあればデメリットもあります。HFTの多くは、狭い値幅で売買を繰り返します。誰かが買い注文を出したときには少し高めの値段で応じ、別の誰かが売り注文を出したときには少し低めの値段で応じます。いつも誰かの相手方となって売買を繰り返し、ほんのわずかな値ざやを積み上げていくのです。こうした役割はマーケットメイカーと呼ばれ、以前は証券会社などのトレーダーが担っていたものでした。

一般の投資家にとっては、こうしたHFTがいることで、売りでも買いでも比較的狭い値幅で機動的に取引ができることになります。つまり、HFTは市場流動性を提供しているのです。

もっとも、いつでもそうだとは限りません。何か予想外のニュースが出て、マーケットが大荒れになったとします。損失を避けるために保有株を売却しようとしても、いつもは売買の相手になってくれるはずのHFTが突然見当たらなくなることがよく起きます。HFTは、当たり前ですが利益を得るために売買を繰り返しているわけで、荒れ相場では損失を負わないように売買に応じなくなることがあるのです。肝心なときには頼りにならないというわけですね。

さらに厄介な問題もあります。株価が下がると株を売り始めるボットが多く存在するのです。これが株価の下落を加速させる恐れがあります。実のところこれはボットに限らない話なのですが、少なからぬ投資家は株価が下がり始めると、リスクを低減するために株を売ることがあります。なかには株価の一層の下落を狙って大量の売り注文を仕掛けてくる投資家もいます。ただ、ボットの場合、こうした動きを瞬時に大量に実行できるので、影響が大きくなってしまうのです。

ですから、理由が何であれ、株価が勢い良く下がり始めると、いつもは売り注文に応じてくれるHFTが姿を消してしまい、それに加えて別のボットが新たな売り注文を大量に入れてくるというようなことが起こります。そうすると、価格はスパイラル的に下落し、あっという間に急落してしまいます。もちろん、いつもそうなるとは限りませんが、そうなる可能性があるということです。このようにボットの自動売買によってあっという間に株価が急落する現象をフラッシュ・クラッシュと呼んでいます。

　もちろん、相場の急変はいつの世にも起きることですが、フラッシュ・クラッシュはテクノロジーがそれを加速させてしまう危険性を示しています。ボットが高度化することによって、こうした現象の発生はある程度抑えられるようになるかもしれませんが、可能性を完全に排除することはむずかしいでしょう。それは、新しいテクノロジー時代の金融市場において、頭に入れておかなければならないことの一つです。

　さて、ボットは事前に決められたロジックでたんに売買を実行しているだけではありません。市場の状況を見張りながら、自分で投資のチャンスを見出し、自分で取引を立案・実行する自律型のボットも多くいます。こうしたタイプのものは一般に**AI投資**と呼ばれています。

　以前にも出てきたクオンツファンドは、数理計算に基づいた投資を行なうファンドですが、基本的に自律型のボットが取引を行ないます。取引の手法はさまざまですが、その多くは統計的な計算を取り入れ、割高と判断されるものを売り、割安と判断されるものを買うというような取引を高速で繰り返していきます。

　こうしたファンドでは、人間のマネジャーは、投資判断をするファンドマネジャーというよりも、高度な自律型投資システムをつくり上げるエンジニアの役割を果たすことが多くなります。クオンツファンドは、はた目からみるとわかりづらい存在でしょうが、いまの金融市場ではもはや特殊な存在とはいえません。むしろこうした取引手法はいまの投資の世界では当たり前のものとなりつつあります。ファンドだけではありません。多くの金融機関で、市場取引部

門の中心的人材は、トレーダーからコンピュータ・エンジニアやデータ・サイエンティストに移ってきています。

第7章で紹介した驚異の運用成績を誇るヘッジファンド運用会社のルネッサンス・テクノロジーズは、まさにこうしたクオンツ運用の代表選手です。

このように投資運用業界では、AI、つまり自律型のボットが広範に活用されているのですが、ある意味でこれは当然の流れというべきかもしれません。投資では、さまざまな情報をもとに次から次へと判断を下していく必要があります。そうした情報の収集や分析では、人はコンピュータに量でも速さでもかないません。また、人は時に思い込みにより判断を誤りますが、コンピュータには、ロジックの善し悪しはあっても、人のような判断のばらつきはありません。人は時にパニックになって傷を広げますが、コンピュータはパニックを起こしません。人にはコンピュータにない能力ももちろんあるのですが、いくつかの重要な点で、コンピュータが明らかに優れている部分も多いのです。

図表29 ● ヘッジファンドの投資成績 (AI vs 人間)

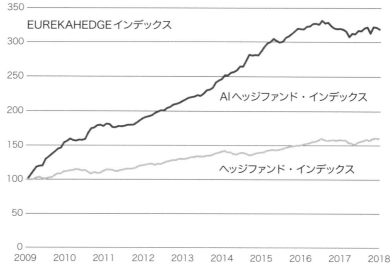

データ出典：EUREKAHEDGE。2009年12月を100として算出。

ちなみに、Eurekahedge という調査会社が公表しているヘッジファンド指数というものがあります。そのなかで AI 投資をするファンドの成績は、総じてみるとかなり優秀であるという結果が出ています（**図表 29**）。こうした点をみると、投資において AI を活用する動きが広がることはあっても、それが逆戻りすることはないでしょう。

　一方で、AI だから何でもできるというのも明らかに幻想です。いまのところ AI は、いままで人が行なってきたことを大量かつ高速で効率よく安定的に行なうという枠外には出ていないように思います。少なくとも AI だからといって、未来のことが明瞭に予測できるようになったわけではないのです。

SECTION 8-6

金融市場と政治の一体化

●政治の最重要課題は株価？

2017年にスタートした米国トランプ政権は、株式相場に対する関心が非常に高い政権です。相場が下がりそうになると、大統領が株式相場を押し上げそうなツイートを発し、まるで株価をみて政策を決めているような印象すらあります。しかし、トランプ政権がとくにそうであるとしても、この傾向は実は多くの国で共通してみられるものです。すなわち、株価が下がるようなことはせず、株価を押し上げることを重点的な判断基準とする傾向です。

政治にとって大切なことは支持率の確保です。そして支持率を得るために最も重視されるのが経済政策です。株価は、その経済政策の成否を判定する重要なメルクマールの一つと位置付けられることが多くなっています。株価が上がれば経済運営の成功をアピールでき、支持率の拡大につなげられるということなのでしょう。こうして、株価が政府の政策決定に大きく影響を及ぼす株価民主主義とでもいうべき状況が生まれます。

もちろん、選挙では国内の経済動向が大きな争点になり、株価の基調が結果を大きく左右することは、部分的には昔からみられるものでした。ただ、近年その傾向は一層強くなっているように思われます。その背景には、本書でもみてきたとおり、金融市場が急速に拡大し続けており、実体経済に対して金融市場が及ぼす影響度合いが非常に大きくなっていることもあるでしょう。また、2008年に起きたリーマンショックの影響も見逃せません。あまりにも想定外の株価暴落と世界経済の急縮小を経験し、誰もが株価暴落への恐怖症に囚われたのです。

しかし、株価は政府の経済政策によってのみ上下するわけではありません。市場主義経済では、金融市場も経済もある程度自律的に

動いており、政府が到底コントロールしきれない要因によって大きなうねりが生まれます。ですから、景気後退がすべて政府の責任ということでもなければ、景気拡大がすべて政府の成果ということもあり得ません。

　企業経営において株価をみながら経営することで短期志向に陥る弊害について第3章でみましたが、株価をみながらの政治にもそのことはまさに当てはまるでしょう。株価を重視する株価民主主義は政治の短期志向を招くのです。そこでは、社会保障費の増大への対応とか、環境対策など長期的に取り組むべき課題がなおざりにされる可能性が高くなります。

●金融がかつてないほど大きな影響力をもつ時代

　また、こうした政治的傾向と軌を一にした動きとして、金融政策への圧力が近年非常に大きくなっていることも注目されます。

　この点では日本がまさに先駆的存在ですが、「景気が悪く、デフレ懸念が払しょくされないのは大胆な金融緩和が行なわれていないから」という主張が大きく幅を利かせます。それは裏を返せば、「大胆な金融緩和を行なえば景気は回復し、デフレも克服できる」ということです。2013年以降に行なわれた日銀の大胆な金融緩和策はこうした考え方を背景にしています。一方で、こうした考えを"金融政策万能論"と呼び、それは幻想に過ぎないと批判する向きもあります。

　経済政策において金融政策への依存度が増大する点については、各国とも財政状態が悪化傾向をたどっていて大規模な財政政策を打ち出すことがむずかしくなっているという背景もあるでしょう。その点、金融政策は財源の手当てが必要なく、国会審議も不要なので、手っ取り早く行なえる政策ということになります。

　もちろん、いくら手っ取り早くても効果がなければ、これほど依存は高まらなかったでしょう。金融緩和がはたしてデフレ脱却に効果があるのかという点に関しては大いに疑問が残るところですが、少なくとも短期的に株価を押し上げたり、自国通貨を押し下げたりする効果があることは間違いないでしょう。

こうして、従来は政府から独立して行なわれるべきものと考えられてきた金融政策が次第に政府の経済運営のなかに位置付けられるようになり、中央銀行の独立性という概念を大きく揺るがせつつあります。

現在、主要先進国では第5章でみたインフレ・ターゲットが導入されています。しかしながら、金融政策だけでこのインフレ・ターゲットが達成される見込みは立っていません。達成できる見込みのない目標を掲げている以上、とにかく金融緩和政策を打ち続けなければならなくなります。それが、マイナス金利という、かつてはあり得ないとされた金融環境が世界に広がった背景の一つになっています。

こうしたことが最終的に何をもたらすのかは、必ずしもよくわかっていません。よくわからぬままに、実験的ともいえる新しい時代にわれわれは突入しているのです。

金融は、いままでも世界史の流れに大きな影響を与えてきました。しかし現代の金融はさらに、世界経済においても、政治の世界においても、そして生活面においても、かつてないほどの影響力を持つ存在になりつつあります。

金融の中身についても、新しい金融ビジネスが次々と生み出され、かつて常識とされてきたことの多くが書き換えられてきました。

われわれに求められる金融リテラシーも、そうした新しい金融像に対応できるものでなければなりません。金融のテキストブックは、いままさに大きく書き換えられようとしているのです。

INDEX
索引

アルファベット
AI投資 ……………… 223
ESG投資 …………… 196
IPO ………………… 076
LIBOR ……………… 155
PL …………………… 052
ROE ………………… 060

あ
アセット・ファイナンス …… 067

い
イールドカーブ …………… 118
インデックス投資 ………… 192
インフレ・ターゲット政策 … 142

か
加重平均資本コスト ……… 060
仮想通貨 …………………… 213
株価収益率 ………………… 086
株価純資産倍率 …………… 088
間接金融 …………………… 068

き
期待リターン ……………… 178
キャッシュフロー ………… 062
キャッシュフロー経営 …… 062
金融政策 …………………… 141
金融リテラシー …………… 001

く
クーポン …………………… 108
クレジット・スプレッド … 123

こ
公開市場操作 ……………… 143
購買力平価 ………………… 168
公募増資 …………………… 051
固定利付債 ………………… 108

さ
財政革命 …………………… 019
債務不履行 ………………… 111
財務レバレッジ効果 ……… 058

し
時価総額 …………………… 035
自己資本 …………………… 045
自己資本比率 ……………… 056
資産 ………………………… 044
自社株買い ………………… 094
市場流動性リスク ………… 209
資本 ………………………… 044
純資産 ……………………… 048
証券化 ……………………… 205
上場企業 …………………… 051
信用格付 …………………… 112
信用リスク ………………… 111
信用力 ……………………… 020

す
スポット取引 ……………… 159

せ
正のフィードバック ……… 099
ゼロ金利政策 ……………… 148

索引

た

他人資本	…………………	045
短期金融市場	…………………	133

ち

直接金融	…………………	068

つ

通貨の信認	…………………	215

て

デット・エクイティ・レシオ		056
デリバティブ	…………………	198
店頭取引	…………………	073

と

投機級	…………………	112
東京証券取引所	…………………	072
投資適格級	…………………	112
トータル・リターン	…………	059

の

ノンリコース	…………………	066

は

配当	…………………	093
バランスシート	…………………	044

ふ

フィンテック	…………………	219
フォワード・ガイダンス	……	144
フォワード取引	…………………	159
複利計算	…………………	031
負債	…………………	044
負のフィードバック	…………	099
プロジェクト・ファイナンス		066
分散投資	…………………	189

へ

変動利付債	…………………	108

ほ

ポートフォリオ理論	…………	188

ま

マイナス金利政策	…………………	144

む

無限責任	…………………	013
無担保コール翌日物	…………	133

ゆ

有限責任	…………………	014

ら

ランダムウォーク	…………	186

り

リスクフリー金利	…………	179
リスク・プレミアム	…………	081
利回り	…………………	115
量的金融緩和政策	…………	144

れ

レポ取引	…………………	134

わ

割当増資	…………………	051
割引債	…………………	108

田渕直也（たぶち　なおや）

1963年生まれ。1985年一橋大学経済学部卒業後、日本長期信用銀行に入行。海外証券子会社であるLTCB International Ltdを経て、金融市場営業部および金融開発部次長。2000年にUFJパートナーズ投信（現・三菱UFJ投信）に移籍した後、不動産ファンド運用会社社長、生命保険会社執行役員を歴任。現在はミリタス・フィナンシャル・コンサルティング代表取締役。シグマベイスキャピタル株式会社特別研究員フェロー。『図解でわかる　ランダムウォーク＆行動ファイナンス理論のすべて』『見る・読む・深く・わかる　入門　金融のしくみ』（日本実業出版社）、『ファイナンス理論全史』（ダイヤモンド社）など著書多数。

新版　金融の基本

2019年12月10日　初版発行

著　者　田渕直也 ©N.Tabuchi 2019
発行者　杉本淳一

発行所　株式会社日本実業出版社　東京都新宿区市谷本村町3-29　〒162-0845
　　　　　　　　　　　　　　　　大阪市北区西天満6-8-1　〒530-0047
　　　　　編集部 ☎03-3268-5651
　　　　　営業部 ☎03-3268-5161　振　替　00170-1-25349
　　　　　　　　　　　　　　　　https://www.njg.co.jp/

印刷／堀内印刷　　製本／若林製本

この本の内容についてのお問合せは、書面かFAX（03-3268-0832）にてお願い致します。
落丁・乱丁本は、送料小社負担にて、お取り替え致します。

ISBN 978-4-534-05741-9　Printed in JAPAN

日本実業出版社の本　基本シリーズ

定価変更の場合はご了承ください。

安原 智樹 著
定価 本体1600円（税別）

波田 浩之 著
定価 本体1500円（税別）

鈴木義幸 監修
コーチ・エイ 著
定価 本体1600円（税別）

坂本 雅志 著
定価 本体2000円（税別）

林 總 著
定価 本体1500円（税別）

石川 和幸 著
定価 本体1700円（税別）